[増補第二版]

アカウンティング・トピックス

Accounting Topics

小池和彰 [著]

創成社

はしがき
PREFACE

　大学のキャンパスを歩いていると，学生から「いったい何を研究されているのですか」と問われる。そのとき筆者は「会計学を研究しています」と答える。するとたいていの場合，「簿記を研究されているのですか」という反応が返ってくる。そのとき筆者は返答に困る。なぜなら，確かに簿記は教えているが，研究は簿記ではなくて，会計学であるという意識がどこかにあるからである。

　しかしながら，学生は会計学というと簿記を連想し，数字を連想し，また数学を連想し，そして楽しそうな顔をすることはあまりない。どちらかといえば，眉を八の字に曲げて，「むずかしそやな」という反応が返ってくる。

　簿記の学習は会計学の第一歩であり，会計学を理解するためにはある程度の簿記の知識があったほうがいいが，簿記といういわば会計の手段のようなものしか学習していない学生の目には，会計学は，魅力的な学問には映らないかもしれない。

　会計学はある程度時間をかけて，テーマを掘り下げていかないと，面白さを見いだせない分野ではないかと，以前から，筆者は考えている。簿記を学習し，計算問題を解き，精算表を作成するといった作業だけでは，大学生は面白みを感じない。大学生ぐらいの年代になると，理論や議論ができる課題を学習したいのではないだろうか。ほかの学問領域と同様に，もちろん会計学にも理論や議論がある。さまざまな議論があり，いろいろな見方や考え方ができるという側面が会計学にもあるということを学習すれば，大学生は会計学を魅力的な学問として再認識するに違いない。

　どうもこのところ，学生が会計学の学習から遠ざかる傾向があるような気が

してならない。本書で取り上げている課題にみられるように，現実の会計が複雑になっていることがその原因のひとつではあると思うが，最近は，さまざまな魅力的な学問が世の中にあふれており，単なる計算ドリルのような会計学では，受け入れられない時代が来ているようにも思う。

　会計学を楽しんでほしい，それが筆者の願いである。英語に"フード・フォー・ソート（food for thought）"という言葉がある。さまざまなことを注意深く考えさせる何かという意味であるが，このテキストが，会計学に関するフード・フォー・ソートになり，学生がさまざまなことを考えて，そして楽しんでくれたなら，筆者にとってこれにまさる喜びはない。

　京都産業大学に奉職してから十数年が過ぎたが，この度，会計ファイナンス学科が新設されることになり，これを機に，財務会計のテキストをまとめてみようと考えた。以前から考えてはいたものの，具体的に考えたのは今回が初めてである。これまで演習（いわゆるゼミ）で「財務会計研究」というタイトルで授業を行ってきたものの，本書を執筆することになり，あらためて学習する必要に迫られた項目もいくつかある。その過程において気づかされたことは，筆者が学生時代と比べ，現在の学生たちは，勉強する項目が相当増えていることである。筆者が学生時代には，たとえば，税効果会計は，研究テーマではあったが，学習テーマではなく，また減損会計などは考えてもみなかった。

　なお，本書は，会計学の知識を全般的に得ようとする人のためのテキストではない。本書は，キャッシュ・フロー会計，減損会計，連結会計，退職給付会計，税効果会計などに関しては，ほかのテキストよりも比較的詳しく取り上げているが，一方で制度会計を学ぶにあたり，本来学ばなければならないであろう事項が取り扱われていない。いくつかのトピックスに絞り，基本的な説明は省いているから，注意されたい。

　急に本書の出版を思いついたので，出版までのスケジュールに余裕がなく，創成社の塚田尚寛氏に無理を承知でお願いしたところ，快く引き受けていただいた。塚田氏には本当に感謝している。

本書の校正等に関して，同じく創成社の廣田氏にも大変お世話になった。廣田氏にも深く感謝している。

　これまで京都産業大学において筆者のゼミに所属してくれた学生達（もちろん現在のゼミの学生も含む）にも当然感謝しなければならない。本書は，京都産業大学で筆者のゼミに所属していた学生とともに徐々に形成されたものであって，彼らの存在があったがゆえに，本書が成立したといってよい。

　最後に妻の真紀にも感謝の意を表しておかねばならないであろう。京都（私）と仙台（妻）をお互いに行き来し，不便さや時間の制約を乗り越えて，なんとか本書をまとめることができたのは，やはり妻・真紀に負うところが大きい。

　2007年春

京都産業大学第１研究室棟847研究室にて

小池和彰

増補第二版発行にあたって

　本書の初版『アカウンティング・トピックス』が出版されてから，はや９年が過ぎようとしている。その間，アメリカも日本も，国際会計基準に歩み寄っていく様子に見えたが，現在アメリカは国際会計基準の採用を渋り始めており，そのアメリカの動向を受けて，わが国でも動揺がみられる状況にある。

　ちなみに，わが国では，日本基準，アメリカの会計基準，そして国際会計基準の３つから選ぶことができる。現在，国内の上場企業の９割以上は，日本基準を採用しているが，豊田自動車やソニーはアメリカの会計基準を採用し，そして三井物産やソフトバンクなどは国際会計基準を採用している。

上述したように，わが国では，現在のところは，国際会計基準を採用する企業は多くないが，しかし国際会計基準を採用する企業が増えているとの報道が先日行われた。海外からの資金を得たい企業が，国際会計基準採用に踏み切ったのかと思いきや，どうやらそうではないとのことである。どうもわが国では，M&A（合併・買収）を円滑に進めるため，国際会計基準を採用する企業が増えているとのことである。本書でも取り上げているが，日本基準では，「のれん」を毎期費用として計上しなくてはならないが，しかし国際会計基準では毎期の費用計上はなく，「のれん」の価値が著しく下がった時に，減損を計上すればよいので，毎期の費用計上をせず，それゆえ利益を多く計上できる国際会計基準を採用する企業が増えているのだというのである。国際会計基準は，企業を共通の「ものさし」ではかることができるというのが，大きなメリットの1つであるのに，利益を大きく見せたいためだけで，日本基準から国際会計基準に乗り換えてしまうのはいかがなものか。国際会計基準を批判するわけではないが，このような状況は明らかに望ましくないだろう。

　今回，本書の改訂版が出版されることになり，新たに，資産除去債務の会計を付け加えた。資産除去債務の会計は，他の本では，本書ほど大きく取り上げられているわけではない。しかし本書には，会計学をネタに，学生にあれこれ考えてもらって，思考力をつけてもらいたいという意図がある。資産除去債務の会計は，資産除去に関する費用を，資産取得時に資産除去債務に計上するとともに，資産原価にも算入するというこれまでにない会計であり，問題を含んだ会計であって，このユニークな会計について，クラスで学生たちに議論してもらいたいと考え，筆者は，本書に組み入れた。

　会計学を楽しんでほしい，それが筆者の願いであることは，依然として変わっていない。英語に"フード・フォー・ソート（food for thought）"という言葉があり，この言葉が意味するところは，さまざまなことを注意深く考えさせる何かということであるが，本書『アカウンティング・トピックス』が，継続して，読者のフード・フォー・ソートとして，利用されることを願ってい

る。

　本書は，最初はクラスで学生に配り，ディスカッションしてもらおうと思って，書き始めたもので，クラスにおける配布のレジュメや筆者の論文を書き直したりしてできたものである。平均すると，おそらく1年に1章ぐらいのペースで書いたのだろうか。減損会計や資産除去債務の会計のような新しい会計が出現したり，今回の連結会計のように，多くの修正を施す必要が出てきたりして，筆者はそのたびに勉強させられる。そしてそれは，大変な作業でもあるが，同時に楽しみでもある。

　最後に塚田尚寛氏をはじめ，創成社の皆様方にお礼を言わなければならない。今回も出版時期，部数など，筆者のわがままを受け入れていただいていた。校正も熱心にしていただき，本当に感謝している。

　2016年春

東北学院大学6号館5階筆者研究室にて

小池和彰

目　次
CONTENTS

はしがき
増補第二版発行にあたって

第 1 章　イントロダクション ——————————————— 1
1. はじめに …………………………………………………………1
2. 財務会計と会計理論 ……………………………………………1
3. 財務会計の理想と現実 …………………………………………3
4. 会計基準の国際的統一化 ………………………………………5
5. 税法の逆基準化現象 ……………………………………………5

第 2 章　資産の評価基準 ———————————————— 8
1. はじめに …………………………………………………………8
2. 貨幣資産の評価 …………………………………………………9
3. 費用資産の評価 …………………………………………………11

第 3 章　収益の認識基準 ———————————————— 18
1. はじめに …………………………………………………………18
2. 販売基準 …………………………………………………………19
3. 発生基準 …………………………………………………………21
4. 現金基準 …………………………………………………………25

第 4 章　無形固定資産と繰延資産 ———————————— 29
1. はじめに …………………………………………………………29
2. 無形固定資産 ……………………………………………………29
3. 繰延資産 …………………………………………………………30
4. 研究開発費の会計処理 …………………………………………31

第 5 章　発生主義会計情報とキャッシュ・フロー情報 ——— 37
1. はじめに …………………………………………………………37

　　　　2．発生主義会計情報……………………………………………37
　　　　3．キャッシュ・フロー情報……………………………………39
　　　　4．キャッシュ・フロー情報に対する関心の増大……………48
　　　　5．国際会計基準との相違………………………………………49

第 6 章　法人税等に対する会計 ────────────── 54
　　　　1．はじめに………………………………………………………54
　　　　2．納税額方式……………………………………………………55
　　　　3．配分法…………………………………………………………55
　　　　4．繰延法と資産負債法…………………………………………61
　　　　5．税効果会計の是非をめぐって………………………………65

第 7 章　合併会計 ──────────────────── 67
　　　　1．はじめに………………………………………………………67
　　　　2．現物出資説……………………………………………………68
　　　　3．人格合一説……………………………………………………70
　　　　4．フレッシュ・スタート法……………………………………74
　　　　5．国際財務報告基準と日本基準との差異……………………75

第 8 章　外貨換算会計 ───────────────── 83
　　　　1．はじめに………………………………………………………83
　　　　2．流動・非流動法………………………………………………84
　　　　3．貨幣・非貨幣法………………………………………………85
　　　　4．テンポラル法…………………………………………………86
　　　　5．決算日レート法………………………………………………88

第 9 章　リース会計 ────────────────── 95
　　　　1．はじめに………………………………………………………95
　　　　2．リースの会計処理……………………………………………97
　　　　3．リースの会計基準とその問題点……………………………99
　　　　4．アメリカにおけるリース会計基準…………………………100
　　　　5．最近の国際的動向……………………………………………102

目　　次　　xi

第10章　減損会計 —————————————————— 106
1. はじめに ………………………………………………106
2. 減損の会計処理 ………………………………………106
3. アメリカと日本の減損会計 …………………………109
4. 減損会計の問題点 ……………………………………110

第11章　引当金と退職給付引当金 ———————————— 116
1. はじめに ………………………………………………116
2. 引当金 …………………………………………………117
3. 退職給付引当金 ………………………………………119
4. 退職給付会計基準の問題点 …………………………126

第12章　利益計算の2つのアプローチ ———————————— 132
1. はじめに ………………………………………………132
2. 収益費用アプローチ …………………………………133
3. 資産負債アプローチ …………………………………134

第13章　連結財務諸表 ——————————————————— 137
1. はじめに ………………………………………………137
2. 連結財務諸表の会計主体 ……………………………138
3. 連結財務諸表作成の流れ ……………………………139
4. 子会社の資産及び負債の時価評価 …………………145
5. 債権債務の相殺消去 …………………………………148
6. 未実現損益の消去 ……………………………………148
7. 税効果会計 ……………………………………………150
8. 持分法 …………………………………………………151

第14章　財務会計の概念フレームワーク ———————————— 164
1. はじめに ………………………………………………164
2. 会計基準を設定する2つのアプローチ ……………165
3. アメリカにおける財務会計の概念フレームワーク ………168
4. わが国における財務会計の概念フレームワーク …………171

5. 会計基準のコンバージェンスにおけるわが国の財務会計の
   概念フレームワークに対する期待 ………………………175

第15章 国際財務報告基準 ────────────── 179
1. はじめに ………………………………………………179
2. IFRS財団の組織とIASBのデュー・プロセス …………181
3. IFRSの特徴 …………………………………………183
   3−1 原則主義 ………………………………………183
   3−2 公正価値 ………………………………………184
   3−3 資産・負債アプローチ ………………………186
   3−4 概念フレームワーク …………………………186

第16章 資産除去債務 ────────────── 196
1. はじめに ………………………………………………196
2. 資産除去債務の会計 …………………………………197
3. 資産負債の両建処理 …………………………………198
4. 引当金処理 ……………………………………………199
5. 環境負債情報に対する要求の高まり ………………202

索　引　205

第1章 イントロダクション

1．はじめに

　財務会計（financial accounting）とは，株主，債権者，国など，外部の利害関係者（従業員も外部利害関係者と捉える考え方もある）に対して，企業の経営成績や財政状態に関する情報を提供することを目的とした会計をいう。

　資金を拠出した株主（委託者）に対して，その資金を受け取った経営者（受託者）は，会計情報を提供しなければならない責任がある。この責任のことを**会計責任**（accountability）という。英語で"account for"は，説明するという意味であるが，企業には，株主に対して，提供された資金の顛末（てんまつ）をまさに説明する義務がある。

　利害関係者は，さまざまな理由で，会計情報を必要としている。株主は，利益が生じた場合には，配当を受け取る権利があるし，また株価が上昇すれば，その株を売り，資金を得ることができるので，会計情報を必要としている。債権者は，元本を回収できるかどうかということや利子を支払ってくれるだろうかといったことに関心がある。国や地方公共団体は，税金の徴収や消費者保護などのための会社の規制（電気・ガス料金や鉄道運賃の規制）等のために，また従業員は，給料や賞与に関して関心があり，会計情報を必要としている。

2．財務会計と会計理論

　財務会計は，企業会計原則及び企業会計基準などの「慣習」と**金融商品取引法**及び**会社法**などの「法」に基づいて行われる。

　企業会計原則は，法ではなく慣習であり，これまでの会計実践を要約したものであるので，注意を要する。企業会計原則は，これまでの経験から帰納的に

導き出されたものであることから,**経験の蒸留**(distillation of experience)とよばれている。会計には,伝統的にこのようないわば,記述的なアプローチ(descriptive approach)があるのであって,会計実践の観察が行われ,その実践の一般化が行われ,その理論構築が行われている側面があるといえる。

会計理論の構築には,演繹的なアプローチもあり,たとえば,**財務会計基準審議会**(Financial Accounting Standards Board:FASB)の**財務会計の概念フレームワーク**をあげることができる。財務会計の概念フレームワークでは,財務会計の目的をまず定めて,その目的に合致した資産・負債あるいは,収益・費用が定義されている。そしてこの概念フレームワークから会計基準を演繹的に導き出すことが期待されている。概念フレームワークは,会計の憲法であるといわれることがある。なぜなら,概念フレームワークは,法律を制定する際の憲法と同様に,会計基準の制定にあたって,合憲か違憲かを判断するためのテストになるものであるからである。

一口に理論といってもさまざまなレベルがあり,理論という言葉は,誤解を生みやすい。たとえば自然科学にあっては,実験というテストによる検証が求められる。実証理論(empirical theories)は,経験というテストを通じて,仮定または仮説を検証するというプロセスを通じて構築される。いかなる美しい理論でも,実際の現象に合致しなければ,その理論が修正されなければならない。会計にも,このような実証的なアプローチ(empirical approach)もある。

しかしながら,自然科学の理論とは異なる理論もある。会計の場合,適切であるとされる会計理論に合致するように,会計実践の方をあるべき姿に変更することが可能なのである。このように会計には,規範的なアプローチ(normative approach)があるのであって,会計の情報利用者の意思決定に役立つ情報を提供することを重視している。

3．財務会計の理想と現実

　財務諸表の作成は，**地図の作成**（mapping）にたとえられる。なるべく現実に近い地図を作成することができれば，地図の読み手は，迷うことなく，目的地に到達することができるであろう。

　財務諸表も，同様に，なるべく現実に近いことが理想とされている。企業の現実の姿を適切に提供することによって，投資家・債権者その他利害関係者を適切な方向に導いていくこと，それが，財務会計では非常に重要なことになる。

　しかしながら，その企業の現実の状況をそのまま伝えるということは，実をいうと，それほど容易なことではない。地図が何らかの抽象にすぎず，現実そのものではないのと同様に，財務諸表も企業の現実そのものでは決してなく，何らかの抽象でしかない。

　そもそも現実を忠実に表現するといっても，いったい何が現実なのだろうか。現実の解釈は多様であるし，また現実を表現する方法は複数あり，どれが正しくて，どれが正しくないかというようなことは，一概にはいえない。また故意に現実をねじ曲げようとする企業行動もある。

　たとえば，有形固定資産の**減価償却**について考えてみる。減価償却の方法には，たとえば，**定額法**と**定率法**があるが，企業会計原則では，どちらの方法を採用しても良いことになっている。定額法は，有形固定資産の価値の減少が一定の割合で生じると考えて，毎期一定額を償却し，費用計上する。一方の定率法は，有形固定資産の価値の減少が，最初大きくて，だんだん少なくなると考えて，最初の期間に多額の償却費を計上し，期間が進むにつれて，少額の償却費を計上する。

　このように，企業会計原則では，同一の経済事象に対して，いくつかの会計方法のうちから一つを選んで適用することが認められている。同一の状況に対

して異なる会計方法を採用することは，企業間の**比較可能性**（comparability）を損なうという欠点があることは否めないが，企業がそれぞれの事情に合わせて，自由に会計処理方法を選択できるというメリットがある。また，企業のことを良く知る経営者がその企業の実情に合う会計基準を選択したほうが，現実の企業の姿を描写することができるという見解もある。

また，会計には，**保守主義**（conservatism）という考え方がある。保守主義とは，費用を多めに計上し，一方で収益を少なめに計上する会計が健全であるという会計思考である。保守主義に基づけば，資産評価をする際にも，代替的な方法が認められている場合には，より低い価値をつけるべきとされる。もちろん，利益数値や資産の価値を過小評価することも問題である。投資家や債権者は，信頼でき，そしてまた有用な情報を求めているのであって，現実よりも低い価値を求めているわけではない。

保守主義は，**粉飾決算**（window dressing）しがちな経営者に対する戒めというか，格言のようなものであるが，このような保守主義的な会計実践が可能であるということは，いい方をかえると，会計の利益数値というものが，操作できるということを意味している。会計上の利益数値は，科学的な（scientific）方法で計算された客観的な数値ではないので，注意を要する。

たとえば，会計の重要な概念に**費用収益対応の原則**（matching concept）がある。費用収益対応の原則は，収益とそれに関連する費用を対応させようとする原則である。研究開発費について，この費用収益対応の原則を当てはめて考えてみる。研究開発に関してなされた現金支出がその年に行われても，その支出が便益を生むのは，その年ではない，つまり，その支出が収益を生み出すのはその後の年になる。したがって，費用収益対応の原則に基づけば，その研究開発費は，繰り延べるべきであるということになろう。

しかしながら，研究開発費は，必ずしも収益を生むようになるわけではないので，もし収益を生まないのに資産計上されると，その会社の利益は，インフレート（inflate）されることになり，現実的でない利益が計上されることになる。

4．会計基準の国際的統一化

　国際会計基準委員会（International Accounting Standards Committee：IASC）は2001年に組織改革を行い，**国際会計基準審議会**（International Accounting Standards Board：IASB）として各国の会計基準と国際会計基準との融合を進める体制へと移行している。

　会計基準の統一化は，財務諸表の比較可能性を向上させる。各国の会計基準が異なるならば，投資家が財務諸表を理解し，適切な投資意思決定をすることが難しくなる。会計基準の国際的統一化がすすめば，投資家が財務諸表を理解することが容易になり，また異なる国の企業の財務諸表を比較することも容易になる。また会計基準の国際的統一化がすすめば，財務諸表を作成するコストも減少するであろう。しかしながら，各国は経済的な環境等が異なるため，会計基準の統一化は容易ではない。

5．税法の逆基準化現象

　確定決算主義とは，確定した決算に基づいて，課税所得金額を計算し，申告納税する方法をいう。この確定決算主義が，企業会計との関連で問題となるのが，損金経理の要件である。たとえば，減価償却費の計上についていえば，確定した決算において（損益計算書上）費用として計上（損金経理）しなければ，税務上損金として認められないことになっている。したがって，損益計算書上償却費を計上しなかった場合には，その償却費は税務上損金として認められないことになる。またたとえば，設備の状況から会計上は100万円の減価償却費の計上で十分だとしても税法の償却限度額が120万円である場合に，税法基準に従って，120万円の減価償却費を計上するという企業行動がみられる。企業会計は健全な会計慣行に従っている限り，個々の企業の自主的経理が望まし

いという見解があるが，**損金経理**という要件がつけられると，企業の自主的な経理は妨げられる。

　もっとも企業会計と税務会計は目的が異なる。企業会計と異なり，税務会計の場合には，税収の安定的な確保や社会的・経済的政策の実現が重要である。したがって，税法の基準は，画一性や明確性が求められ，また，特別償却や税額控除などのその国特有の制度を不可避的に含むことになる。

　法人税法に基づく会計は，企業会計上の利益に調整を加えることにより，課税所得が計算されるのだが，ある程度企業会計が法人税法に基づく会計に近いものであれば，修正が容易である。このことは，課税当局のみならず，企業にとってもメリットとなる。

練習問題

1．次の文章が正しいかどうか検討しなさい。
   (1)ステークホルダーとは利害関係者のことである。
   (2)企業会計原則とは法である。
   (3)会計の利益数値を故意に低く計上することを逆粉飾ということがある。
   (4)財務諸表に計上する減価償却費の計算は税法に従わなくてよい。
2．実証的なアプローチと規範的なアプローチの違いについて，例をあげて説明しなさい。
3．費用収益対応の原則を売上と売上原価の関係を用いて説明しなさい。
4．保守主義の適用例をあげなさい。
5．会計基準を国際的に統一することによるメリットとデメリットを述べなさい。
6．企業会計原則は，企業会計の実践から帰納的に導き出されたものであるが，このような帰納的アプローチに関する問題点を3つ指摘しなさい。
7．FASBの概念フレームワークが会計の演繹的アプローチであるといわれる理由を述べなさい。
8．税法が会計基準化することについてのメリットを述べなさい。
9．財務諸表の作成が，地図の作成（mapping）にたとえられるのはなぜですか。
10．「企業会計は健全な会計慣行に従っている限り，企業の自主的な経理が望ましい」という見解についてあなたはどう思いますか。

11. 財務報告は，科学（science）ですか，それとも芸術（art）ですか。
12. 次の（　　）に適切なアルファベットを記入しなさい。

　　企業会計原則は，これまでの経験から（　1　）に導き出されたものであるため，経験の蒸留とよばれている。

　A　帰納的
　B　演繹的
　C　作為的
　D　無作為

13. 次の文章の（　　）に適切な語句を記入しなさい。

　　帰納的アプローチにより形成される会計原則には，以下のような問題点がある。第一に，帰納的なアプローチにより形成された会計原則は，現行の会計実践から有用なものが抽出されるので，（　1　）なルールとなり，現状を改善するようなルールが形成される可能性が低いし，また複数の会計実践が肯定される傾向がある。第二に，会計原則は，過去の（　2　）から抽出されるので，新しい取引が出現した場合に対応できない。第三に，会計原則は，実践で生じた問題に対し，場当たり的に対応した結果形成される側面があるので，（　3　）や（　4　）を欠いたものになってしまう。

　　会計理論の構築には，演繹的なアプローチもあり，FASBの（　5　）がその例としてあげることができる。

　　国際会計基準審議会は，会計基準の統一化を進めている。会計基準の統一化は，財務諸表の（　6　）を高める。

　　税務上費用として認められるためには，財務諸表上も（　7　）しておかなければ認められない場合がある。

解　答

12.
　(1) A

13.
　(1) 現状肯定的　(2) 経験　(3) 首尾一貫性　(4) 整合性　(5) 概念フレームワーク
　(6) 比較可能性　(7) 損金経理

第2章　資産の評価基準

1．はじめに

　財産計算を目的とする**静態論**の下では，資産は換金価値を有する実物財産，すなわち財貨および法律上の権利であったが，損益計算を目的とする**動態論**の下では，資産は未費消原価であると解されている。たとえば，棚卸資産，繰延資産などは，資産として計上されているが，将来的には費用となるものであり，いわば費用のかたまりであると解される。しかし現金や売掛金，貸付金などは未費消原価であるということはできず，この動態論による解釈では，資産を統一的に説明することはできない。現在では，資産はもう少し抽象的に捉えられている。すなわち，企業が所有する発生の可能性の高い経済的便益ないし潜在的用益として資産を捉えるのが一般的である。

　貸借対照表に計上する資産を評価することは，企業の利益計算と密接な関わりを有するため，極めて重要である。会計期末に計上される資産の価額が過大に計上されれば，その金額だけ，会計期間の利益は過大に計上され，逆に資産の価額が過小に計上されれば，その会計期間の利益はそれだけ過小に計上される。たとえば，商品の売上が200万円あり，期首商品棚卸高が10万円で，当期の商品の仕入高が150万円で期末商品棚卸高が30万円であるとしよう。この場合，売上原価は130万円となり，利益は70万円となる。ここで仮に，期末商品が100万円と過大評価されれば，売上原価は60万となり，利益は140万となる。一方期末商品が10万円と過小に評価されれば，売上原価は150万円となり，利益は50万円になってしまう。

　資産の評価額は，企業の利害関係者にとっても極めて重要な意味を持つ。なぜなら，企業の利害関係者は，貸借対照表から，企業の財政状態を判断するからである。

2．貨幣資産の評価

(1)金銭債権

受取手形，売掛金，貸付金その他の債権の貸借対照表価額は，取得価額から貸倒見積高に基づいて計算された貸倒引当金を控除した金額となる。ただし，債権を債権金額より低い価額または高い価額で取得した場合において，その取得価額と債権金額との差額の性格が金利の調整と認められるときは，**償却原価法**に基づいて算定された価額から貸倒見積高に基づいて算定された貸倒引当金を控除した金額をもって貸借対照表価額としなければならない。

ここにおける償却原価法とは，債権を債権金額より低い価額または高い価額で取得した場合において，その差額に相当する金額を弁済期に至るまで毎期一定の方法で貸借対照表価額に加減する方法をいう。

①利息法

利息法とは，債権等の利息相当額を，複利を用いて各期の損益に配分する方法をいう。

②定額法

定額法とは，債権等の金利調整額を，取得日から弁済日までの期間で除して各期の損益に配分する方法をいう。

償却原価法の適用については，利息法によることが原則であるが，結果に重要な差異が生じない場合には定額法によることもできる。

(2)有価証券
①売買目的有価証券

売買目的有価証券とは，企業が売買利益を得ることを目的として保有する有

価証券である。売買目的有価証券は時価をもって貸借対照表価額とする。売買目的有価証券は，企業がいつでも市場で売却できるため，時価で評価される。

②満期保有目的債券

満期保有目的債券とは，企業が満期まで保有することを目的としていると認められる社債その他の証券である。満期保有目的債券は，企業に長期間保有され，売却が目的でないため，原価で評価される。ただし，債券を債券金額より低い価額または高い価額で取得した場合において，取得価額と債券金額との差額の性格が金利の調整と認められるときは償却原価法に基づいて算定された価額をもって貸借対照表価額としなければならない。

③子会社・関連会社の株式

子会社株式と**関連会社株式**は，親会社が支配目的で所有しているものであり，売却を目的としていないため，原価で評価される（金融商品基準三・二・3）。

④その他有価証券

上記以外の市場性のある有価証券，すなわち**その他有価証券**は，原則的には，時価をもって貸借対照表価額とする（時価の把握が極めて困難である場合は，取得原価で評価）。その他有価証券は，時価で評価されることになっているが，いわゆる持ち合い株式が該当し，実際に売却されることはまれである。そこで，洗替方式により，次のいずれかの方法で処理することになっている。

（a）評価差額の合計額を純資産の部に計上する（**全部資本直入法**）。
（b）評価益は純資産の部に計上し，評価損は当期の損失として計上する（**部分資本直入法**）。

例　題

京都株式会社は，平成×1年4月1日に社債（額面10,000千円）を9,000千円で取得した。満期日は10年後である（満期保有目的債券）。この社債の利子率は5％であり，利払日は9月末日と3月末日である。この場合の平成×1年4月1日と×2年3月31日の仕訳をしなさい（決算は3月末である）。

（平成×1年4月1日）
　（借）満期保有目的債券　9,000　　（貸）現　　　　　金　9,000
　　　　現　　　　　金　　250　　　　　　有価証券利息　　250
有価証券利息の金額：10,000千円×5％÷2＝250千円

（平成×2年3月31日）
　（借）満期保有目的債券　　100　　（貸）有価証券利息　　100
　　　　現　　　　　金　　250　　　　　　有価証券利息　　250
満期保有目的債券の金額：（10,000千円－9,000千円）÷10年＝100千円

3．費用資産の評価

(1) 原価主義

原価主義とは資産をその取得のために支出した金額，すなわち取得原価でもってその資産を評価する方法であり，原価法ともいう。取得原価は，独立した第三者との取引によりつけられた価額なので，確実性を有し，客観的証拠の入手という財務諸表監査の要請に合致する。また，**未実現利益**の計上が避けられ，処分可能な利益の算定ができるという長所がある。また原価は，購入時の時価である。加えて，原価主義は，記帳，計算が簡便である。

しかしながら，資産の時価と原価が異なり，現実とはかけ離れた数値が公表されることがある。また原価のままの評価なので，物価変動時の損益は認識されない。原価主義は物価安定時には大きな問題はないが，**インフレーション**時にはその欠陥を露呈してしまう。また固定資産は，原価評価され，過去の取得価額であるヒストリカル・コスト（historical cost）で，減価償却されるが，売

上は時価で測定されたものであり対応しない。

(2)時価主義

時価主義は，ある資産を市場で購入したらいくらになるかと売却したらいくらになるかという方法で資産の評価を行う方法である。前者を**取替原価**といい，後者を**売却時価**という。時価は恣意性が介入する恐れがあり，未実現利益を計上し，粉飾決算に至る危険性がある。使用目的の資産については，売却も再調達も予定していないので，売却・再調達を仮定した時価を測定することが困難である。加えて，時価主義は，時価の調査と記帳に時間がかかる。

(3)低価主義

低価主義とは原価と時価を比較してどちらか低い方の価額でもって資産を評価する方法であり，**低価法**ともよばれる。低価法は，時価が原価よりも低い場合には時価で評価して評価損を計上するが，一方，時価が原価を超えている場合には，原価で資産評価をする方法であり，評価益は計上しない。したがって，低価法は**保守主義**に合致する方法である。また低価法は，費用を積極的に計上する方法なので，税対策にも役立つ方法である。

しかしながら，低価法は，評価損は計上するが評価益は計上しないので，首尾一貫性に欠ける方法である。

企業会計基準第9号「棚卸資産の評価に関する会計基準」（平成18年7月）が企業会計基準委員会から公表された。そこでは，棚卸資産の評価方法に関して，従来，原価法と低価法の選択適用が認められてきたのに，新基準では，期末における正味売却価額が取得原価よりも下落している場合には，正味売却価額への簿価切り下げを行わなければならないとする低価法の強制適用を求めている。

(4)割引原価主義

割引原価主義は，資産から得られる将来のキャッシュ・フローの合計額を一定の利子率で割り引いた現在価値の総和をもってその資産の貸借対照表価額とする方法である。経済学者が採用する利益概念に合致するので，しばしば経済学的利益とよばれる。

割引率の算定と，将来キャッシュ・フローの見積もりの困難性という問題が割引原価主義にはある。

補　足

棚卸資産の評価方法（払出単価決定の方法）

(1) 個別法（specific identification method）

　　個別法とは，期末棚卸資産の全部について，その個々の取得価額で評価する方法である。コスト計算と現実の商品の流れとの関係を追求すると，"理想的"な方法は，この個別法である。

(2) 先入先出法（first-in, first-out method：FIFO）

　　先入先出法とは，先に取得した商品から順次販売されたとみなす方法である。逆にいえば，期末棚卸資産が，期末に最も近い時点で取得した棚卸資産から順次なるものとみて計算される方法である。通常は，先に仕入れた商品が先に販売されるから，先に仕入れた商品から順に売上原価になると考える先入先出法による計算結果は，現実の商品の流れに相当近い数値を提供する。もっとも先入先出法も，後で説明する諸方法と同様に，厳密にいうと，仮定計算である。

(3) 後入先出法（last-in, first-out method：LIFO）

　　後入先出法とは，後に取得した商品から順次販売されたとみなす方法である。逆にいえば，期末棚卸資産は，まず前期末における棚卸資産からなり，次に期首に最も近い時点で取得した棚卸資産から順次なるものとみて計算される。後入先出法のもとでは，現実の商品の流れとは関係なく，売上原価が計算される。したがって，棚卸資産は，相当古い原価で据え置かれる恐れがあるし，また棚卸資産の数量が減少した場合には，相当古い原価が売上原価として

計上される場合がある。しかし，後入先出法はインフレ時には強いといわれている。物価変動時に，後入先出法を用いれば，売上原価が，現在価値に近い金額になるため，損益計算書上**インフレ利得**を計上することが避けられる。また費用が大きくなるため，税金も少なくなり，結果として**キャッシュ・フロー**も高まる。なお，後入先出法は，我が国では現在は，採用されていない。

(4) 総平均法

総平均法とは，期首に有していた棚卸資産の取得価額の総額と期中に取得した棚卸資産の取得価額の総額との合計額を，これらの棚卸資産の総数量で除して計算した価額を1単位あたりの取得価額とする方法である。平均法を用いた計算結果は，比較的低いインフレーション時あるいは棚卸資産の回転が速い場合には，現実の商品の流れに相当近いものになる。

(5) 移動平均法（moving-average method）

移動平均法とは，受け入れのつど計算する総平均法で，棚卸資産を取得するつどその時点で有する棚卸資産と新たに取得した棚卸資産との数量および取得価額に基づいて平均単価を算出し，以後同様の方法で計算を行い期末時点での平均単価を算定する方法である。

(6) 単純平均法

単純平均法とは，期中に単価の異なるものを取得した場合，その異なる単価を合計し，その合計額を異なる単価の種類の数で除して計算した価額を1単位あたりの取得価額とする方法である。

(7) 最終仕入原価法

最終仕入原価法とは，期末に最も近い時点で取得したものの単価を1単位あたりの取得価額とする方法である。

(8) 売価還元法

売価還元法とは，種類または値入率の同じ棚卸資産ごとに，期末における販売価額の総額に下記の原価率を乗じて計算した取得価額で評価する方法である。

$$原価率 = \frac{期首棚卸資産の取得価額 + 当期仕入棚卸資産の取得価額}{期末棚卸資産の販売価額 + 当期売上棚卸資産の販売価額}$$

例　題

次の資料に基づいて，後入先出法と先入先出法による，売上原価を計算しなさい。なお，計算は，そのつどではなく，月を単位として計算すること。

4月1日　仕入100個（@120円）
　　6日　売上100個（4月1日仕入分）
　10日　仕入300個（@110円）
　14日　売上200個（4月10日仕入分）
　28日　仕入100個（@100円）
　31日　棚卸有高　200個

（先入先出法）
100個×@120円＋200個×@110円＝34,000円
（後入先出法）
100個×@100円＋200個×@110円＝32,000円

練習問題

1．次の文章が正しいかどうか検討しなさい。
　(1) FIFOはインフレに強い方法であるといわれる。
　(2) 棚卸資産の評価方法をたとえば総平均法から後入先出法に変更して利益を計上する会計は適切である。
　(3) 資産を時価で評価すれば，検証可能な数値が得られる。
　(4) 減損会計は時価で固定資産を評価する会計であり，時価会計といってよい。
　(5) 後入先出法は，カレントな収益にカレントな費用を対応させることができる方法である。
　(6) 貸借対照表に表示される期末の棚卸資産価額が最も古く取得したものとなるのは，先入先出法である。
　(7) その他有価証券の2つの処理方法を比較すると，全部資本直入法の方が部分資本直入法よりも，保守主義に合致する方法である。
　(8) 現在は，後入先出法は，国際会計基準でも認められていない。

2．次の（ ）に適切なアルファベットを記入しなさい。

単価10円の商品1つと単価20円の同じ商品2つを仕入れた。そのうち，1つを60円で販売した。先入先出法によれば，売上原価は，（ 1 ）になり，後入先出法によれば，売上原価は，（ 2 ）になる。

A　10
B　20
C　30
D　40

3．売価還元法により，期末商品棚卸高を算定しなさい。

期首商品棚卸高（原価）　　50,000円
当期商品仕入高（原価）　　500,000円
当期商品販売高（売価）　　900,000円
期末商品棚卸高（売価）　　100,000円

4．京都株式会社の期末商品棚卸高（円未満は四捨五入すること）と売上原価・当期利益を算定しなさい。

期首棚卸高	900個	72,000円
第一回仕入高	1,000	83,000
第二回仕入高	1,500	127,500
第三回仕入高	800	67,200
	合計	349,700

なお，商品の期末棚卸数量は1,000個，当期の販売数量は3,200個であった。1個の売価は当初95円（1,000個×95円）であったが，期中に100円（2,200個×100円）値上げしたため，当期売上高は，315,000円であった。

5．その他有価証券の会計処理で，「評価益は純資産の部に計上し，評価損は当期の損失として計上する」ことについて，問題点を指摘しなさい。

6．資産評価の方法で，低価法が評価損は計上するが，評価益は計上しないことについて，問題点を指摘しなさい。

7．時価主義は仮定の世界の会計である。この文章の意味を考えなさい。

8．インフレ時において，先入先出法と後入先出法ではどちらが保守的な経理となりますか。また，税金が少なくなるのは，どちらの方法ですか。

9．ある会社が機械について機能低下が著しいので，臨時償却をした。税務上認められる範

囲を超えて償却し，いわゆる有税償却を行った。このことについてあなたの見解を述べなさい。

10. 次の文章の（　）に適切な語句を記入しなさい。

売買目的の有価証券は，（　1　）で評価し，（　2　）で評価することはできない。一方満期保有目的債券については，（　3　）で評価される。

原価主義とは，資産をその取得のために支出した金額である（　4　）で資産を評価する方法であり，（　5　）利益を計上しない点にその特徴がある。

時価主義には，（　6　）と（　7　）がある。時価は，（　8　）が介入する恐れがあり，（　9　）を計上する恐れがある。

低価主義とは，（　10　）と（　11　）を比較して何れか低い価額で資産を評価する方法である。低価法は，（　12　）主義に合致する方法である。

解答

2.

(1) A　(2) B

3.

$$原価率 = \frac{50,000円 + 500,000円}{900,000円 + 100,000円} = 0.55$$

期末棚卸高の計算 = 100,000円 × 0.55 = 55,000円

4.

貸借対照表算定のための方法	期末商品	売上高	売上原価	当期利益
先入先出法	84,200	315,000	265,500	49,500
後入先出法	80,300	315,000	269,400	45,600

10.

(1) 時価　(2) 原価　(3) 原価　(4) 取得原価　(5) 未実現　(6) 取替原価
(7) 売却時価　(8) 恣意性　(9) 未実現利益　(10) 原価　(11) 時価　(12) 保守主義

第3章 収益の認識基準

1．はじめに

「ある人達は，会計記録に反映すべき収益が販売財貨を生産する行為のみで生じると主張する。またある人達は，現金と財貨もしくは用役の交換だけが収益認識のテストを果しているという。さらにまた多くの人たちは，現金もしくは現金に対する法律上の請求権といったような現金等価物（cash equivalent）と財産もしくは用役との交換が収益の認識に関する唯一の適切な基準を与えると主張する。」（片野一郎監訳『ギルマン会計学（上巻）』同文館，1976年，127頁）

収益の測定方法には，**現金基準**（cash basis），**販売基準**（realization basis），**発生基準**（accrual basis）がある。現金基準も確実であるという利点があり，発生基準に関しては，理論的であるという長所がある。**ギルマン**（Stephen Gilman）が指摘したように，収益認識時点に関してはさまざまな見解があり，絶対的な時点は存在しない。

しかしながら，販売基準が原則的な方法であるといわれている。その理由を考えてみると以下のようになる。

現金基準，これは，確実であるというメリットがあるが，現金の収受まで待つのは信用経済の発達した現代においては遅い。手形，小切手，売掛金といった段階で収益を計上してもよいのではないかと考えられる。また，現金基準によれば，現金を受け取った時点で収益を計上するから，まだ，サービスや商品を提供しない段階で収益を計上する場合が生じる。サービスや商品を提供しない段階，そこで収益を計上することに疑問が持たれる。

発生基準は，理論的であるといわれる。たとえば，製品を製造するとすれば，さまざまな費用が発生する。原材料費，労務費，電気料などであるが，これらの費用が発生しているのであるから，これに対応する収益を対応させて利

益計算をするというのが、会計の理論、**費用収益対応の原則**に合致する。このことから、発生基準が理論的であるといわれている。しかしこの方法は、われわれの常識から外れているところがある。費用が発生した段階にあっては、いまだ、現金や手形を受け取っていないし、消費者に商品や、サービスを何も提供していない。したがって発生基準は、概念的には、理論的といえるかもしれないが、疑問が持たれる。

　販売基準が原則的にとられている背景には、人々の合意が得やすいというところがある。販売時に、商品、サービスの提供が生じ、一方で、現金、手形、小切手を受け取ることになり、この時点で収益を計上することが、われわれの常識に合致している。もちろん、この時点も絶対的ではないが、法律上の**所有権の移転**とも合致する常識的な認識時点であるといえる。

2. 販売基準

(1)販売基準の根拠

　収益は経営活動とともに少しずつ形成されていくが、その過程で収益を認識するのは不確実性を伴い、客観性を欠くことになる。収益を形成過程で計上すれば、いわゆる未実現利益を計上することになってしまう。そこで、企業会計では不確実性を除去し、客観性を確保できる収益認識時点として**販売基準**が採用され、この時点で収益が実現したととらえている。また販売時というのは、財またはサービスの提供と金銭等の受け取りが同時に起き、また法律上の権利が取引の相手方に移転するため、人々の合意が得やすい時点でもある。

　一般に、現行の会計は**発生主義会計**といわれているが、現実には、費用は発生主義で、収益は実現主義に基づいている。これは、収益に関しては、費用よりも客観性や確実性が重視されているためである。この収益費用の認識時点は、費用を早めに多く計上し、逆に収益を遅めに少なく計上することになるので、**保守主義**の会計とも合致する。

かつてのように，作ったものがみな売れるような時代にあっては，企業が生産した財またはサービスは即収益として認識することも可能であったかもしれない。しかし現代にあっては，企業が生産した類似の財またはサービスが大量にあり，広告宣伝により差別化を図るなどしないと，財またはサービスの販売は難しい。したがって，生産だけで，収益を認識することはできず，販売時点まで待つことが求められる。

企業が生産する財またはサービスの価値は，少しずつ形成されていくものではあるが，販売前にあっては，その評価は困難である。第三者に販売されて初めてその財またはサービスの価値が客観性を帯びることになる。複数の利害を異にする第三者が，企業の財またはサービスを選択し，購入することで，恣意性のない客観性の高い，財またはサービスの価値が決定される。

企業は販売により，現金，当座預金，売掛金あるいは受取手形といった，ある程度確実な金銭や債権等を受け取ることになる。現金が最も確実ではあるが，信用経済が発達した現代にあっては，現金まで待つことは収益認識の遅れを意味する。債権に関して，引当金を計上することにより，債権段階での収益認識が可能となる。

企業が財またはサービスを生産する途上で，費用が発生するが，その費用がどれぐらいかかるかは，販売するまで確定しない。販売時点になれば，総コストがある程度明確になるであろう。アフターコストが多額にかかる場合もあるが，それは特殊なケースであろう。ある程度の費用が確定する時点，それが販売時点である。

(2)商品販売の特殊形態
①委託販売

委託販売は，委託者が代理店等に商品を委託することによって行われる販売形態である。受託者は委託者から手数料を受け取り，委託者に代わり，商品を販売することになる。収益認識時点の原則は商品引渡し時であるが，委託販売

の場合，委託者が受託者に商品を送付した時点をもって収益認識時点とすることはできない。収益は受託者が商品を販売して初めて実現すると認識するのが適切である。もっとも受託者がいつ商品を販売したかを委託者が知ることは容易なことではない。そこで，委託者は受託者からの**仕切精算書**を受け取った日をもって売上収益実現の日とみなすことができるとされている（企業会計原則注解6）。

②試用販売

試用販売は，取引の相手方に商品を試用してもらい，顧客が買い取りの意思表示をした場合に，売上収益を計上するというものである（企業会計原則注解6）。

③予約販売

予約販売は，取引の相手方から予約金を受け取り，後で商品の引き渡しあるいはサービスの提供を行う販売形態である。予約販売は，予約金を現金で受け取っても，売り上げ収益として認識してはならない。商品の引き渡しあるいは役務の提供が完了した時点で初めて収益を認識する（企業会計原則注解6）。

3．発生基準

(1)発生基準の根拠

財またはサービスの形成とともに，徐々に収益を認識するのが**発生基準**である。発生基準は，費用発生に伴い徐々に形成されていく収益を迅速に対応させて利益計算を行うので，費用収益対応の原則と合致する理論的な方法である。しかし現代においては，企業が生産した財またはサービスがすべて販売できるとは限らないので，生産時点で収益を計上すると，**未実現利益**を計上する恐れがある。したがって，基本的に発生基準は**保守主義**にも合致しない。

しかしながら，樹木や家畜などは，販売されるまで長期間を要し，販売基準

で収益を認識するとすれば,かなり長期の間収益の認識がなされないことになる。販売するまでの総コストの見積もりは困難ではあるが,会計期間ごとに,樹木や家畜の成長度に応じて,収益を認識することが考えられる。

また,農産物,たとえば米のように,政府の買入価額が決まっている場合には,生産完了時点で収益の認識を行うことができる。米などの農産物の場合には,生産が完了した時点で,安定した収益が得られるため,販売を待たずに収益を認識することに,何ら問題はない。

(2)工事進行基準

建設業や造船業などの場合には,生産期間が長期にわたることが多い。この場合,生産が完了してから収益を認識するならば,収益が長期間計上されないことになる。長期間収益が計上されず,一時に多額の収益が計上されるということになると,その会計情報は,企業の経常的な経営成績を提供するものとはいえないのではないかと考えられる。そこで,このような問題を解決するために,工事の収益を,各会計期間における工事の進行度に応じて計上する**工事進行基準**が採用される。ただし,次の各要素が信頼性をもって見積もることができなければならない（工事契約に関する会計基準9項）。

① 工事収益総額,すなわち請負企業に支払われるべき対価として契約で定められて合計額。これを見積もる前提として,工事が完成する確実性が高く,また対価の合計額や決済の条件と方法等の定めがなければならない。

② 工事原価総額,すなわち当該契約について請負企業が義務を果たすために必要な費用としての工事原価の合計額。これを見積もる前提として,事前の見積もりが実際発生原価と比較可能な形で作成され,適時・適切に見積もりの見直しが行われていることが必要である。

③ 決算日における工事進捗度。これを見積もる方法には,(a)技術的・物理的な尺度とする方法と,(b)工事原価総額の見積額のうち,当期

末までに発生した実際工事原価の割合による方法がある。(b)は原価比例法と呼ばれ，②の条件が満たされれば採用することが可能である。

当期の工事収益の額＝工事請負金額×工事進行割合－前期までに計上した工事収益の額

当期の工事費用の額＝期末の現況による工事原価の見積額×工事進行割合－前期までに計上した工事原価の額

上記３要件のいずれかが満たされない場合には，工事完成基準が適用される（工事契約に関する会計基準９項）。工事完成基準とは，工事が完成し，それが引き渡されたときをもって，収益を計上するというものである。

たとえ請負工事が長期にわたるようになっても，そのような長期の請負契約を複数抱えた企業であれば，毎年のように長期の請負工事が完成することが予想され，そのような企業であれば，工事進行基準を用いなくても，収益は平均化するので，工事完成基準でも問題はないといえる。

工事契約の成果が信頼性をもって見積もれない場合，国際会計基準第11号では，工事完成基準ではなく，工事原価回収基準が適用される。工事原価回収基準とは，発生した工事契約原価のうち回収可能性が高いと判断される金額と同額だけ収益を認識するとともに，工事原価を発生した期間に費用として認識しなければならないというものである。

例　題

契約価額150,000千円の工事が，平成×１年，平成×２年，平成×３年の３ヵ年にわたって，行われた。各年度末までに発生した原価，各年度末に見積もった工事完成までの残り工事の原価発生額は次のとおりであった。工事進行基準と完成基準により，平成×２年と平成×３年の売上高と売上総利益を計算しなさい。

	平成×1年	平成×2年	平成×3年
発生原価累計額	27,000 千円	98,280 千円	136,500 千円
残り工事の原価見積もり額	108,000 千円	38,220 千円	―

平成×1年

工事収益 = 150,000 千円 × $\dfrac{27{,}000\ 千円}{(27{,}000\ 千円 + 108{,}000\ 千円)}$ = 30,000 千円

平成×2年

工事収益 = 150,000 千円 × $\dfrac{98{,}280\ 千円}{136{,}500\ 千円}$ − 30,000 千円 = 78,000 千円

平成×3年

工事収益 = 150,000 千円 − 30,000 千円 − 78,000 千円 = 42,000 千円

工事完成基準

	平成×2年	平成×3年
売上高		150,000 千円
売上総利益		13,500 千円

工事進行基準

	平成×2年	平成×3年
売上高	78,000 千円	42,000 千円
売上総利益	6,720 千円	3,780 千円

4．現金基準

(1)現金基準の根拠

現金基準は現金の収入に基づき収益を認識する方法である。現金基準は，現金が入った時点で収益を計上するので，企業が諸活動に必要な資金を直ちに得ることができる。また現金基準は，代金回収から損失が生じる可能性を直ちに除去し，引当金を計上する必要がない。確実な資産の裏づけのある収益を計上するので**未実現利益**を計上することもない。

その反面，収益認識時点は通常は遅れる。現金基準は，販売基準よりも確実な収益を計上するので，より**保守主義**に合致し，しかも簡便な方法である。

(2)割賦販売

割賦販売とは，商品を月賦，年賦など，分割払いで販売する形態をいう。割賦販売であっても，販売した時点，すなわち商品引き渡し時に収益を認識するのが原則とされている。

しかしながら，割賦販売は，通常の販売形態と異なり，代金回収の期間が長期にわたり，かつ分割払いであることから，代金回収上の危険率が高く，貸し倒れや代金回収費がかかり，特別の配慮を要する。

そこで，通常の販売基準に代えて，割賦金の回収期限到来の日をもって売上収益実現の日とする**回収期限到来基準**と実際の入金の日をもって売上収益実現の日とする**回収基準**の採用を認めている（企業会計原則注解6）。回収期限到来基準と回収基準は，**割賦基準**とよばれることもある。

例題

次の取引の仕訳を未実現利益控除法と対照勘定法によって行いなさい。
(1)原価 300,000 円の商品を割賦売価 500,000 円にて 10 回払いの月賦販売契約で販売した。
(2)第 1 回から第 2 回までの月賦金を現金にて回収した。
(3)決算時の処理（それまでに 2 回分の入金がなされている）。

未実現利益控除法
(1) （借）割 賦 売 掛 金　500,000　（貸）割 賦 売 上　500,000
(2) （借）現　　　　　　金　100,000　（貸）割 賦 売 掛 金　100,000
(3) （借）割賦売上利益控除　160,000　（貸）繰延割賦売上利益　160,000

対照勘定法
(1) （借）割 賦 販 売 契 約　500,000　（貸）割 賦 仮 売 上　500,000
(2) （借）現　　　　　　金　100,000　（貸）割 賦 売 上　100,000
　　（借）割 賦 仮 売 上　100,000　（貸）割 賦 販 売 契 約　100,000
(3) （借）割 賦 商 品　240,000　（貸）仕　　　　入　240,000

練習問題

1．次の文章が正しいかどうか検討しなさい。
　(1) CD の予約を受け，2,000 円受け取った。販売基準に基づくと，この時点では収益は認識できず，負債を認識することになる。
　(2)工事進行基準は，発生基準に該当する。
　(3)割賦販売について，回収基準を採用している場合に，未実現利益控除法を用いると，商品を販売した時点の仕訳は，販売基準と同じものになる。
　(4)委託販売における受託者の収益は，手数料収入である。
2．仙台不動産（株）の建設請負契約およびその工事の進捗状況は，次の通りである。この工事は長期大規模工事に該当するため，工事進行基準で収益を計上することにした。各期に計上すべき損益を計算しなさい。

区　　分	平成×1年末	平成×2年末	平成×3年末
請負金額	180,000,000 千円	180,000,000 千円	180,000,000 千円
予想工事原価の総額	120,000,000 千円	144,000,000 千円	－
予想工事利益の額	60,000,000 千円	36,000,000 千円	－
実際工事原価の期末累計額	40,000,000 千円	96,000,000 千円	140,000,000 千円

3．次の取引の仕訳を未実現利益控除法と対照勘定法によって行いなさい。
　(1) 原価600,000円の商品を割賦売価1,000,000円にて10回払いの月賦販売契約で販売した。
　(2) 第1回から第4回までの月賦金を現金にて回収した。
　(3) 決算時の処理（それまでに4回分の入金がされている）。
4．収益が通常販売時点で認識されるのはなぜか。
5．工事進行基準と工事完成基準のうち経常的な損益を計上する方法はどちらか。
6．次の文章の（　）に適切な語句を記入しなさい。

　　収益の認識時点に関して，現金基準の方が，販売基準よりも確実な時点であるといえるが，販売基準を用いても，（　1　）を計上して，売上債権回収の不確実性に備えることができる。また販売時点というのは，（　2　）時点でもあるので，法律的な観点からも支持される。わが国では建設業や造船業に関して工事完成基準が採用されるケースが多いが，毎年大規模な工事を請け負っている業者の場合には，工事進行基準を採用しなくても，毎期（　3　）が計上されるので，重要な問題は生じない。

　　現金基準は，（　4　）が入った時点で収益を計上する方法である。現金基準は，確実な資産の裏づけのある利益を計上することになるので，（　5　）を排除することができ，（　6　）に合致する。収益認識時点に関しては，通常は，販売基準の方が遅れるが，商品を引き渡していない時点で（　7　）を受け取った場合には，現金基準の方が早まる。割賦販売に関して，（　8　）基準が採用されることがあるが，これは現金基準であるといってよい。

解　答

2．

　平成×1年末

　①収益の額 = 180,000,000 千円 × $\dfrac{40,000,000 \text{千円}}{120,000,000 \text{千円}}$ = 60,000,000 千円

②費用の額＝40,000,000千円
③利益の額＝60,000,000千円－40,000,000千円＝20,000,000千円

平成×2年末

①収益の額＝$180,000,000 \text{千円} \times \dfrac{96,000,000 \text{千円}}{144,000,000 \text{千円}}$

　　　　　－60,000,000千円＝60,000,000千円
②費用の額＝96,000,000千円－40,000,000千円＝56,000,000千円
③利益の額＝60,000,000千円－56,000,000千円＝4,000,000千円

平成×3年末

①収益の額＝180,000,000千円－（60,000,000千円＋60,000,000千円）
　　　　　＝60,000,000千円
②費用の額＝140,000,000千円－96,000,000千円＝44,000,000千円
③利益の額＝60,000,000千円－44,000,000千円＝16,000,000千円

3.

未実現利益控除法

(1)（借）割 賦 売 掛 金　1,000,000　　（貸）割　賦　売　上　1,000,000
(2)（借）現　　　　　金　　400,000　　（貸）割 賦 売 掛 金　　400,000
(3)（借）割賦売上利益控除　240,000　　（貸）繰延割賦売上利益　240,000

対照勘定法

(1)（借）割 賦 販 売 契 約　1,000,000　（貸）割 賦 仮 売 上　1,000,000
(2)（借）現　　　　　金　　400,000　　（貸）割　賦　売　上　　400,000
　（借）割 賦 仮 売 上　　400,000　　（貸）割 賦 販 売 契 約　400,000
(3)（借）割　賦　商　品　　360,000　　（貸）仕　　　　　入　　360,000

6.

(1) 貸倒引当金　(2) 所有権が移転する　(3) 収益　(4) 現金　(5) 未実現利益
(6) 保守主義　(7) 現金　(8) 回収

第4章 無形固定資産と繰延資産

1．はじめに

　無形資産（intangibles）とは，物理的実体を持たない資産のことである。近年無形資産の範囲は拡大してきており，マーケティング関連，顧客関連，芸術関連などの無形資産が関心を集めている。

　無形資産に相当するものとして，わが国では，**無形固定資産**と**繰延資産**がある。このうち，繰延資産に関しては，いくつかの問題点が指摘される。無形固定資産の多くは，経済的価値があるが，繰延資産は，経済的価値はなく，将来の収益に対応すべく待機している費用のかたまりであって，その資産性に疑義が持たれる。

　のれん（営業権）も問題が多い無形資産である。まず，**自己創設のれん**が疑問視される。企業を買収した場合，買収企業が被買収企業の純資産を超えた価額で購入した場合に，その超える金額がのれんとなる。何らかの理由で収益性の高い企業を有償で買収・合併した場合に発生したのれんに関しては，客観性の高い超過収益力が測定できよう。しかし自社の努力などで自然に発生した高収益性を根拠とする自己創設のれんは，市場での取引を経ていないため，その価値を客観的に測定することはできない。したがって，自己創設のれんの計上は認められない。

2．無形固定資産

　無形固定資産とは，物理的な形を持たない資産であり，のれん，特許権，実用新案権，地上権，商標権，意匠権，ソフトウェアなどが含まれる。これらは，のれんを除き，いずれも法律上の権利である。

無形固定資産について，とりわけ論点となるのはのれんである。のれんに関しては**償却説**，**非償却説**がある。償却説によれば，企業は超過収益力を維持していくのは困難であって，仮に維持しているとすれば，過去に取得したのれんではなく，それは新たに自己創設のれんが発生したとされる。自己創設のれんは客観的に測定できないため認められない。また有償取得のれんはその価値を減少させているはずだから，償却すべきであるとされる。

非償却説によれば，経営活動の継続により，のれんはその価値を増大していくものであり，価値が減少しないのであるから，償却する必要はないとされる。

わが国ではのれんは規則的な償却と減損処理を行うが，アメリカでは，のれんは，非償却とし，**減損処理**のみで対処している。

3．繰延資産

企業会計原則によれば（貸借対照表原則一のD），「将来の期間に影響する特定の費用は，次期以降の期間に配分して処理するため，経過的に貸借対照表の資産の部に記載することができる」とし，また「将来の期間に影響する特定の費用とは，すでに代価の支払いが完了し又は支払い義務が確定し，これに対応する役務の提供を受けたにもかかわらず，その効果が将来にわたって発現するものと期待される費用をいう」（企業会計原則注解15）として，これらの費用の繰延処理を認めているが，これらの費用のことを**繰延資産**という。

繰延資産に関して，実務対応報告第19号「繰延資産の会計処理に関する当面の取扱い」によれば，創立費，開業費，開発費，株式交付費，社債発行費，の5項目に限定して，繰延資産の計上が許容されている。また企業会計審議会が制定した「研究開発費等に係る会計基準三」によれば，研究開発に要したすべての原価を研究開発費として把握し，これを発生時に費用処理すべきことを規定している。

繰延資産を計上する根拠は，**費用収益対応の原則**に求められる。繰延資産は，現在は効果がないが，その効果が将来にわたって発現するものと期待される費用であって，将来その効果が発現したときに，その将来効果に費用を対応させるため，資産として，繰り延べ経理されるのである。繰延資産は，将来の費用の繰り延べであって，いわば，将来費用になる費用のかたまりであるといえる。

しかしながら，これらの繰延資産は資産性が乏しく，法律上の権利でもなく，また換金価値もないため，**擬制資産**とよばれている。

また，税法は繰延資産の計上に積極的であり，その範囲は広い。たとえば，自己が便益を受ける公共的施設又は共同的施設の設置又は改良のために支出する費用がある。また，税法は繰延資産の計上を原則的に強制している。繰延資産に該当する費用である限り，原則として必ず繰延経理し，その支出の及ぶ期間を基礎として規則的な償却を行うことを要求しているのである（法人税法第32条1）。

4．研究開発費の会計処理

研究開発費の会計処理には，(1)即時費用化法　(2)資産化法　(3)条件付資産化法　(4)特別勘定法がある。

(1)即時費用化法

即時費用化法の論拠として，まず，研究開発費がもたらす便益が不確実であることがあげられる。研究開発費を支出しても，その研究開発が成功し，将来便益をもたらすかどうかはわからない。また研究開発に対する支出と将来便益の因果関係が不確実であり，研究開発支出と便益との直接的関係が認められない。加えて，研究開発費を即費用計上することは，**保守主義**とも合致する。

(2)資産化法

研究開発費を資産計上する根拠は，**費用収益対応の原則**に求められる。企業が研究開発に対して支出するのは，収益が将来生み出されることを期待するからである。費用収益の対応を考えれば，研究開発費の効果が発現するのは，現在ではなく将来であり，将来の収益に対応させるべく，研究開発に対する支出は繰り延べ経理すべきであると考えられる。

また企業は将来の便益を期待して，研究開発に取り組み，それに対する支出をしたのであるから，会計はこのような経営判断を尊重して，研究開発費を資産化すべきであるとする見解もある。

加えて，ベンチャー企業のように多額の研究開発支出を伴う企業は，初期に多額の費用を計上すると，赤字となり資金調達が困難になるので，研究開発費を資産として繰延経理することが認められたほうが良い。

しかしながら，資産化を容易に認めるならば，企業の危険な投資を促進させるというデメリットがある。

(3)条件付資産化法

条件付資産化法とは，一定の条件を満たせば，研究開発費を資産計上するというものである。条件付資産化法に基づけば，たとえば，その研究開発を遂行できる技術面や経済面の実行可能性があるかどうかとか，その製品や技術に関する十分な市場が整っているかどうかという条件を満たせば，資産化することになる。

しかし，こうした条件を定めることは困難であるし，またこれらの条件について最終的な判断をするのは，企業の経営者であるので，客観性がない。

(4)特別勘定法

特別勘定法とは，研究開発の将来便益が確認されるまで，特別勘定といういわば仮勘定に計上するという方法である。この特別勘定は，研究開発費の不確

実性を反映した勘定となるが，このような仮勘定をそのまま計上していることは問題がある。多額になると，最終的な企業の業績が一変することになる。

なお，経常性を持たない「開発費」と異なり，新技術の採用であっても，研究開発目的のために導入する技術に係る計画的な支出，いわゆる「研究開発費」は，わが国の企業会計基準審議会の「研究開発費等に係る会計基準」によると，すべて発生時に費用計上することとされている。

一方，国際会計基準第38号では，いわゆる「研究開発費」のうち，研究費は，発生した時点で費用計上するが，しかし開発費は一定の要件を満たす場合には資産計上することになっている。その条件とは，下記の6つであり，これら6つを立証できる場合には，資産計上しなければならないことになっている。開発費に関して，資産計上することになっているのは，研究局面と異なり，開発という局面に至ると，将来の経済的便益を創出する可能性を立証することができる場合があるからである。

① 使用または売却できるよう無形資産を完成させることの技術上の実行可能性
② 無形資産を完成させ，それを使用または売却するという企業の意図
③ 無形資産を使用または売却できる能力
④ 無形資産が蓋然性の高い経済的便益を創出する方法（下記を立証することが必要になる）
・無形資産の産出物の市場の存在
・無形資産それ自体の市場の存在
・無形資産を内部で使用する予定の場合，無形資産の有用性
⑤ 無形資産の開発を完成させ，それを使用・売却するために必要となる，適切な技術上，財務上及びその他の資源の利用可能性
⑥ 開発中の無形資産に起因する支出を信頼性をもって測定できる能力

補足

支払利子の原価算入

　ある資産を取得するのに銀行から借入を行い，その借入金に関して利子を支払った場合に，考えられる会計処理方法が2つある。1つは，その利子費用を期間費用として損益計算書に計上する方法であり，もう1つはその資産の取得に要した費用として，資産原価に算入するというものである。ある資産を取得するのに，資金を借りる必要があり，そしてその資金に利息がかかるような状況があれば，その利息は資産の原価の一部として計上されるべきかもしれない。しかし一般的には，支払利子は，費用として処理する保守的な経理が行われているが，手数料や運送費などと同様に，資産の取得に要した費用として，取得原価に含めることも考えられるのである。

　借入資金と資産取得との因果関係を認め，その借入資金にかかる利子を資産原価に算入する会計実践は，容易に否定できないところがある。その資産が収益を獲得するのは，資産の取得後であるから，資産が使用され，それによって収益が獲得されるようになった段階で，減価償却費というかたちで費用としてチャージしていくと考えるのは，費用収益対応の原則からすると，極めて理論的である。またもし即時費用化されれば，当然のことながら，企業利益は減少し，極端な場合，赤字になる企業が出てくるだろう。資産が使用され，収益が獲得されるようになった段階で，費用にしていけば，そのような状況を回避できる。

　しかしながら，利子の資本化には，否定的な見解もある。一般にあらゆる源泉から生じた現金は，銀行に集められ，その集められた資金がどのように使われたかを跡付けることは困難である。ある目的で借入が行われたとしても，その目的に使われた資金は，企業の別の資金から支出されて，その借入で得られた資金は企業に残る場合がある。また資金取得と収益の発生は，関係がないという考え方もある。支払利子は資金を取得するのにかかったコストであり，収益獲得に直接貢献するものではないというのである。また支払利子を期間費用として処理すると，利益がより現金収支に近くなり，より質のよい利益を提供するとの見方もある。キャッシュ・フロー会計が望ましいという見解である。しかしこれに対して，一般に発生主義会計は現金主義会計を改良するものとして認識されているとの反対意見もある。

　支払利子を費用化する説と資産原価に含める説，双方の説，それぞれ論拠があり，単純に，どちらが優れているといえないところがある。現実には，会社に都合

が良いように利用されているところもあり，たとえば，不動産会社は，不況の際，支払利子を不動産の原価に含める実務を採用し，利益が出ているように見せかけたり，あるいは，逆に，営団地下鉄が運賃を値上げした際に，利益があるにもかかわらず，値上げをしたことに関する批判を回避するため，建設仮勘定に含めていた利子を支払利子として費用計上する方法に変更したりしている。

さて，たとえ支払利子を原価算入することにしたとしても，もう1つ別の論点がある。それは，ある資産が使用される前までは，支払利子を資産原価に算入するが，使用後は，資産の原価に算入しないという考え方である。なるほど，通常は，資産の使用前に，取得に要する費用が発生するので，使用前までに限定することは，合理的である。しかし，借入金にかかる利子の場合，たとえ資産の使用後であっても，契約によって，その後も支払利子が発生することは十分考えられる。その支払利子は，その資産を取得するのに要した資金にかかるものであるとすると，当然，使用開始しても資産の取得に必要不可欠である費用には違いない。したがって，資産の取得に要した付随費用を資産に計上するという立場を貫くとすると，使用開始後であっても支払利子を資産に計上する必要があるのではないかと考えられるのである。

練習問題

1. 次の文章が正しいかどうか検討しなさい。
   (1)繰延資産と長期前払費用は，両方ともすでに役務の提供を受けている。
   (2)諸外国では繰延資産が存在せず，わが国の繰延資産は無形資産の区分に入る。
   (3)無形固定資産の償却は定率法で行われ，残存価額はゼロである。
   (4)研究開発費はアメリカでは資産計上が認められている。
   (5)減損会計は，時価で固定資産を評価する会計であり，時価会計といってよい。
   (6)のれんの償却は，保守主義に合致する。
2. 自己創設のれんの計上が認められないのはなぜですか。
3. 税法上の繰延資産として，共同的施設の負担金があり，たとえば，商店街にアーケードを作ることがあるが，これを費用収益対応の原則に基づき，説明しなさい。
4. 法律である税法が資産性の乏しい繰延資産に積極的なのはなぜか。
5. かつてわが国では研究開発費は，資産計上と費用計上の選択適用が認められていたが，

この場合の問題点は何だろうか。

6．アメリカにおいて，研究開発費が全額費用計上されることになった理由の一つとして，監査人のリスク回避があげられている。研究開発費を資産計上し，利益を計上し続けた結果，その会社が倒産すれば，監査人は，その責任を追及される。しかし全額発生時に費用計上すれば，監査人は訴えられるリスクを回避することができる。そのため，アメリカにおいて，研究開発費が全額費用計上されることになったという面もあるというのであるが，このことについて何か問題はないか。

7．監査を受ける会社が監査報酬を支払うので，監査人の独立性が保持できないという議論がある。これに対する対策を3つ考えなさい。

8．会計参与とは何か。会計参与は税理士が担当することになるといわれているが，税理士は会計参与に消極的である。その理由を考えなさい。

9．たとえば，研究開発を行い，資金を注ぎ込んでいる時には償却をなるべく控えて，後の年度に多額の収益が生じた時に，一気に償却費として落とすといったことを認めるべきですか。

10．支払利子を資産原価に算入する論拠を費用収益対応の原則を用いて説明しなさい。

11．企業が支払利息を資産原価に算入する方法と費用処理する方法とを自己の都合で使い分けることに何か問題はありますか。

12．次の文章の（　）に適切な語句を記入しなさい。

　　支出に対する役務提供を受けたにもかかわらず，その支出の（　1　）が次期以降に発現することが期待されるのが繰延資産である。繰延資産は，法律上の権利でもなく，換金価値もないため，（　2　）資産とよばれることがある。繰延資産は資産性に疑義があるため，（　3　）主義の立場からすると，早期の償却が望ましいとされる。繰延資産を計上する根拠は，（　4　）に求められる。繰延資産は，将来（　5　）を生み出すため，その将来収益に対応させるべく，費用が繰り延べられたものであるといえる。

　　かつて研究開発費は，繰延資産として計上することが認められていたが，わが国の現在の研究開発費の会計基準では，即時（　6　）することになった。一つの理由は，研究開発に対する支出と将来（　7　）の因果関係が不確実であるためである。

解　答

12．
　　（1）効果　（2）擬制　（3）保守　（4）費用収益対応の原則　（5）収益　（6）費用化
　　（7）便益

第5章 発生主義会計情報とキャッシュ・フロー情報

1. はじめに

　企業の経営状態を把握するために、従来から損益計算書と貸借対照表が利用されてきたが、これらの財務諸表に加えて、わが国では、2000年3月から、**キャッシュ・フロー計算書**（statement of cash flow）の開示が義務付けられるようになった。キャッシュ・フロー計算書は、現金（キャッシュ）の流れ（フロー）を追うことで、企業が資金をどのように増減させたかを明らかにする。キャッシュには、現金のほか小切手やコマーシャル・ペーパーといった現金に近いものも含まれる。

　たとえ損益計算書で利益を計上しても、企業の経営状態が良好であるとは必ずしもいえない。たとえば減価償却費は費用計上されるが、現金の支出は伴わない。あるいは売上に関しては、掛売りをして、現金がいまだ回収されていない段階であっても、収益が計上される。したがって、損益計算書上利益を計上していても、手元資金が不足して、企業倒産することも考えられる。

　キャッシュ・フロー計算書は、発生主義に基づく損益計算書・貸借対照表と比較して、企業経営者の意思が反映されず、客観性が高い数値を提供するため、企業の真の経営状態を表示する。このことから、従来から用いられている損益計算書、貸借対照表を補完する計算書として、キャッシュ・フロー計算書は不可欠のものとなっている。

2. 発生主義会計情報

　発生主義会計とは、現金の収支にとらわれず、当期の発生した収益及び費用を確定させて損益を求める損益計算をいう。収益の確定する時点とは、引渡し

時点であると一般には考えられており，これは，引渡し時点に，商品の引渡しあるいはサービスの提供が行われ，これに対して，現金あるいは売上債権等を取得するという関係が成立し，客観性が得られるためであるといわれている。

商品の引渡し時点においては，必ずしも現金が受領されるわけではない。また，費用として計上される売上原価は，現金の支出額とは無関係である。

このように，実現した収益に対応して計上される費用は，発生主義会計においては，必ずしも現金の支出と結びつくものではない。たとえば，次のような諸費用は，現金支出を伴わなかったり，あるいは現金の支出時点と費用として計上される時期がずれたりする項目である。

(1)減価償却費

土地・建設仮勘定を除く有形固定資産は，使用によりあるいは時の経過によりその価値が減耗していく。その価値の減少を会計的に表現する方法が，減価償却である。減価償却費は，費用にして未支出であり，現金の支出を伴わない。

(2)社債発行費などの繰延資産

社債発行費などの繰延資産も，代価の支払いが完了し，サービスの提供を受けているが，その効果が将来にわたって発現するものとして繰延処理され，後の年度に費用計上される。したがって，費用計上時には，現金支出はない。

(3)引当金

引当金は，将来の費用又は損失の見積もり額を計上するものであるが，繰り入れ時には，現金支出はない。

(4)支払利息

支払利息は，費用計上時点と現金の支払い時点とが異なる場合がある。

(5)繰延税金資産・繰延税金負債

　繰延税金資産・繰延税金負債が計上されるいわゆる税効果会計の場合も，実際の現金の支出時点と費用計上時点は異なる。

　発展段階の企業は，財務的な問題に直面しており，開始時にかかるコストを初年度に一括費用計上すれば，報告利益は減少し，それにより投資資金を得ることが困難になる。しかし，発生主義の会計を利用することにより，このような事態は避けられる。

　発生主義会計においては，費用と収益の対応が求められ，費用配分が行われるが，その配分は，恣意的であり，客観性がなく，しばしば批判されている。また発生主義会計は，会計方法の選択が可能であり，柔軟性があるというメリットがある一方で，利益操作が可能であるというデメリットがある。

　また，発生主義会計は，たとえ多額の売上が計上されていても，現金の回収が行われなければ，給料・借入金の返済ができず，「**勘定合って銭足らず**」といういわゆる黒字倒産に陥る危険性をはらんでいる。

3．キャッシュ・フロー情報

(1)資金概念

　キャッシュ・フロー計算書における資金には，現金及び現金同等物という概念が採用されている。すなわち，手許の現金とそれと同等の支払手段として役立つ資産が対象とされている。流動資産から流動負債を控除した**運転資金**という資金概念もかつて利用されたことがあった。流動資産は，比較的短期に現金その他類似の資産ないし他の財貨または用役に転用される資産であり，流動負債とは，比較的短期に流動資産から支払われる負債である。両者の差額としての運転資本は流動性を示す尺度となる。

　しかしながら，運転資金概念は，流動性を評価する場合の有用性に関して疑問が持たれている。運転資金がプラスであるということは，必ずしも流動性が

高いことを意味しないし，また逆に，運転資金がマイナスであることは，必ずしも流動性が低いことを意味せず，運転資金概念が提供する情報は，現金及び現金同等物概念が提供する情報に比べて有用ではない。繰延借方勘定及び繰延貸方勘定は，運転資金に含まれるが，これらはキャッシュ・フローに影響を与えない。流動資産が現金等に転化する期間は，1年を超える場合がある。

(2)キャッシュ・フロー計算書の活動分類
①営業活動からのキャッシュ・フロー

　営業活動からのキャッシュ・フローとは，企業の主要な活動から生じた資金の増減額をいう。営業活動からのキャッシュ・フローは，たとえば，売上げ収入や商品・原材料のの支出，人件費や販売・管理に関する支出が含まれる。

　商品を掛けで売り上げた場合，売上により利益は計上されるが，売掛金として計上されている場合には，現金は回収されていないことを意味する。すなわち，売掛金の分だけ，企業内に流入した現金よりも利益が多く計上されている。売掛金は，利益が増加したにもかかわらず，いまだ現金として回収されていないのであるから，キャッシュ・フローの観点からいうと，マイナス要因であるといえる。したがって，売上債権を圧縮することが経営の効率化のために求められる。

　逆に，買掛金の増加は社外から物品を購入しても実際の支払いを伴わないため，手元資金の増加につながる。したがって，キャッシュ・フローの観点からいうと，プラス要因であるといえる。

　また，棚卸資産の増加は，キャッシュ・フローのマイナス要因になるので，企業は，キャッシュ・フローの赤字化を避けるために，売上債権の減少とともに，棚卸資産の圧縮をし，経営の効率化をすすめることが必要になる。

②投資活動からのキャッシュ・フロー

　投資活動からのキャッシュ・フローとは，企業の投資に関するキャッシュ・

フローの増減額をいう。

　投資活動からのキャッシュ・インフローは，たとえば，有形固定資産の売却収入，有価証券（現金同等物を除く）及び投資有価証券の売却収入，貸付金の回収による収入などである。また投資活動からのキャッシュ・アウトフローは，有形固定資産の取得のための支出，有価証券（現金同等物を除く）及び投資有価証券の取得のための支出，貸し付けによる支出などである。

　企業は積極的に設備投資をする必要があるから，投資キャッシュ・フローのマイナスは問題とはならない。むしろ，投資キャッシュ・フローのマイナスの金額が営業キャッシュ・フローのプラスの金額を上回っていないかどうかが問題となる。なぜならば，営業キャッシュ・フローの金額は，会社が主要な活動で増やした資金のことであるが，投資キャッシュ・フローのマイナスの金額が営業キャッシュ・フローのプラスの金額を超えているということは，将来の投資のための資金を自己が増加せしめた資金でまかなえていないということを意味するからである。

③財務活動からのキャッシュ・フロー

　財務活動からのキャッシュ・フローとは，資金の調達と返済の増減額をいう。財務活動によるキャッシュ・インフローには，たとえば，株式発行による収入，社債の発行，借入れによる収入などがある。また財務活動によるキャッシュ・アウトフローは，たとえば，社債の償還又は借入金の返済による支出などがある。財務キャッシュ・フローをみれば，余剰資金を将来のために留保するか借入金の返済に使用したのかあるいは，自己資本比率を高めるために株主に返済したのかがわかる。

　投資キャッシュ・フローのマイナスが営業キャッシュ・フローよりも少ない場合，資金に余剰が生じることになるので，財務体質の改善に役立てることができる。借入金を返済したり，自己株式を買い入れたりして，有効に使われていない資金を債権者や株主に返済することができる。逆に，営業キャッシュ・

フローで稼いだ資金がマイナスである場合や，プラスでも投資キャッシュ・フローのマイナスが大きい場合に，財務キャッシュ・フローをみれば，どのようにして不足した資金を調達したのかがわかる。

なお，わが国では，利子および配当は，次のいずれかの方法で記載される。
（イ）受取利息，受取配当金，支払利息を営業活動からのキャッシュ・フローに記載し，支払配当を財務活動からのキャッシュ・フローに記載する方法
（ロ）受取利息，受取配当金を投資活動からのキャッシュ・フローに記載し，支払利息と支払配当を財務活動からのキャッシュ・フローに記載する方法

(3)フリー・キャッシュ・フロー

フリー・キャッシュ・フローという考え方もあるので，ここで述べておきたい。フリー・キャッシュ・フローとは，会社の価値の源泉ともいわれる重要な指標である。フリー・キャッシュ・フローを重視した経営は，フリー・キャッシュ・フロー経営と呼ばれ，企業の事業活動の安全性を見るのに役立つ。

フリー・キャッシュ・フローは，営業キャッシュ・フローから設備投資を除いたものであり，企業が自由に使える資金を意味するといわれる。しかしフリー・キャッシュ・フローに関しては，正確な算定が難しい。たとえば，営業キャッシュ・フローから投資キャッシュ・フロー全部を差し引いて，フリー・キャッシュ・フローを求める場合がある。この算定方法によると，将来のための戦略的な投資を抑えれば抑えるほどフリー・キャッシュ・フローの数値が上昇する。しかし，将来投資を抑えて，フリー・キャッシュ・フローの増大を図る戦略は，企業にとってよいものではない。

営業活動からのキャッシュ・フローから事業維持のためのキャッシュ・フローを除いたものをフリー・キャッシュ・フローとする考え方もある。しかし

事業維持のための投資か，それとも，企業が成長するために行われる新規投資かを判断することが困難であるという問題もある。

(4)キャッシュ・フロー計算書の作成（単位：千円）

期首貸借対照表

貸借対照表	前 期	当 期	増 減	増減の内容	
				増 加	減 少
現金及び預金	70	208	138		
売掛金	76	116	40		
貸倒引当金	(6)	(14)	8		
有価証券	200	120	△80		売却80
棚卸資産	100	60	△40		
建物	300	300	0		
減価償却累計額	(100)	(110)	10		
買掛金	(80)	(110)	30		
短期借入金	(180)	(140)	△40	借入90	返済130
未払法人税	(50)	(50)	0		支払32
資本金	(300)	(300)	0		
剰余金	(30)	(80)	50		
諸資産（負債・資本合計）	640	680	40		

損益計算書	当期
売上高	(400)
売上原価	360
減価償却費	10
貸倒引当金繰入額	8
有価証券売却益	60
税引前当期利益	(82)
法人税等	32
税引後当期利益	(50)
次期繰越利益	(50)

・当期に支払うべき法人税は，82千円であり，このうち32千円支払った（これにより未払法人税等は同額であった）。

・有価証券は簿価80千円のものを140千円で売却したので，60千円の有価証券売却益を計上している。

直接法によるキャッシュ・フロー計算書の作成

①営業収入

営業収入360千円＝売上高400千円＋期首売掛金76千円－期末売掛金116千円

②商品の仕入支出

仕入支出290千円＝仕入高＋期首買掛金80千円－期末買掛金110千円＝売上原価360千円－期首商品棚卸高100千円＋期末商品棚卸高60千円＋期首買掛金残高80千円－期末買掛金残高110千円

キャッシュ・フロー計算書（直接法）（単位：千円）

自20×2年4月1日至20×3年3月31日

Ⅰ 営業活動によるキャッシュ・フロー

営業収入	360
商品の仕入れによる支出	△290
小計	70
法人税等の支払額	△32
営業活動によるキャッシュ・フロー	38
Ⅱ 投資活動によるキャッシュ・フロー	
有価証券売却による収入	140
投資活動によるキャッシュ・フロー	140
Ⅲ 財務活動によるキャッシュ・フロー	
短期借入金の増加	90
短期借入金の返済	△130
財務活動によるキャッシュ・フロー	△40
Ⅳ 現金及び現金同等物の増加額	138
Ⅴ 現金及び現金同等物の期首残高	70
Ⅵ 現金及び現金同等物の期末残高	208

キャッシュ・フロー計算書（間接法）（単位：千円）

自20×2年4月1日至20×3年3月31日

I 営業活動によるキャッシュ・フロー

税引前当期利益	82
減価償却費	10
貸倒引当金繰入額	8
有価証券売却益	△60
売上債権の増加額	△40
棚卸資産の減少額	40
仕入債務の増加額	30
小計	70
法人税等の支払額	△32
営業活動によるキャッシュ・フロー	38
II 投資活動によるキャッシュ・フロー	
有価証券売却による収入	140
投資活動によるキャッシュ・フロー	140
III 財務活動によるキャッシュ・フロー	
短期借入金増加	90
短期借入金の返済	△130
財務活動によるキャッシュ・フロー	△40
IV 現金及び現金同等物の増加額	138
V 現金及び現金同等物の期首残高	70
VI 現金及び現金同等物の期末残高	208

＊売上債権の増加額はキャッシュ・フローのマイナス，仕入債務の増加はキャッシュ・フローのプラスで，棚卸資産の減少はキャッシュ・フローのプラス。

＊有価証券売却益60千円は，営業活動からのキャッシュ・フローでは引いて，投資活動によるキャッシュ・フローでは現金収入全額140千円を足す。

(5)キャッシュ・フロー情報の有用性

　キャッシュ・フロー情報が有用な情報を提供する理由として，次のようなものがある。発生主義会計の情報は，有用性がないというわけではないが，キャッシュ・フローの情報は，損益計算書と貸借対照表を補完することが可能である。会計上の利益は，多くの非資金取引を含んでおり，必ずしも流動性に関するよい指標を提供するものではない。また会計上の利益は，会計方針を選択できるという点で柔軟性があるが，企業間の比較が達成できない。営業活動からのキャッシュ・フローは，単純な尺度ではあるが，会計方針の恣意的な選択に影響を受けることはない。キャッシュ・フローという尺度は，利益という尺度よりもより統一性があり，より高いレベルの**比較可能性**に帰着する。会計上の利益が抽象的で複雑なのに対して，キャッシュ・フローは単純である。

　キャッシュ・フローデータは，企業の財務的な柔軟性と流動性を評価するのに役立つデータを提供する。柔軟性は，企業が新しい状況や機会に適応する能力を意味し，流動性は，資産を現金にすばやく転化する能力を意味している。営業活動から得られた現金は，流動性と柔軟性のよりよい指標を提供する。キャッシュ・フローは，借入金の返済，新規投資や株主に対する配当に利用できる内部的な資源を意味する。

　流動性に関する情報は，貸借対照表にもまた含まれている。しかし，**流動・非流動分類**システムは，流動性に関して十分な情報を提供しない。なぜならば，いくつかの流動項目は，将来のキャッシュ・フローに影響を及ぼさないからである。流動資産に属する資産のうちには，短期間では現金に転化しないものがあり，たとえば，棚卸資産は，すぐに現金に転化しない場合がある。貸借対照表は，流動性に関しては粗い情報を提供するにすぎず，そのため，流動性

や柔軟性に関する情報をほとんど提供しない。

　キャッシュ・フローデータは，将来のキャッシュ・フローを予測するのに有用である。しかし，キャッシュ・フローあるいは会計上の利益のどちらが将来のキャッシュ・フローの予測に役立つかどうかは，明らかではない。

4．キャッシュ・フロー情報に対する関心の増大

　わが国の制度会計においては，従来は，損益計算書と貸借対照表が重視されてきた。しかしこれらの基本財務諸表だけで，企業の状態を把握することは困難である。企業の貸借対照表と損益計算書だけでは，企業の全体像は把握できない。損益計算書と貸借対照表の特徴は，現金の収入と支出にとらわれずに，企業の経営成績と財政状態を把握し，企業の実態を把握するという利点があるが，これらの基本財務諸表だけでは，企業の実態を正確に捉えることは不可能である。

　また，一般に発生主義会計は操作性が高く，その有用性に疑問が持たれている。これに対し，キャッシュ・フロー情報は，客観性が高く，企業の倒産予測にも役立つ情報を提供する。

　かつてわが国では，第2次世界大戦後のインフレーション経済の中で，損益計算を中心とした会計がその欠陥を露呈し，キャッシュ・フローに人々の関心が寄せられたことがあった。インフレーションが進行すると，企業は，その製品を有利に販売することができたが，再び仕入れるときに，原材料を消費時よりも高い価格で買わなければならない。このようにして，資金繰りに苦しみ，また売上債権も回収できず，まさに，「勘定合って銭足らず」に，倒産する企業もあったのである。

　キャッシュ・フロー計算書は，1987年にアメリカ財務会計基準第95号 (Statement of Financial Accounting Standards No.95, "Statement of Cash Flow", 1987) により，企業の開示する財務諸表とされるようになり，国際的にも財務諸表の

ひとつとしての地位が確立し，その動向を受けて，わが国でも2000年に導入されるに至っている。また現在もなお，キャッシュ・フロー会計情報に対する関心は急速に高まっている。

5．国際会計基準との相違

　国際会計基準第7号は，直接法を推奨しているが，わが国では，直接法が特に推奨されているわけではない。売買目的有価証券の売却収入は，国際会計基準第7号では，営業活動からのキャッシュ・フローに分類されているが，日本基準では，投資活動からのキャッシュ・フローに分類されている。配当金の支払額は，日本基準では財務活動からのキャッシュ・フローに分類されるが，国際会計基準第7号では，営業活動又は財務活動からのキャッシュ・フローに分類される。

練習問題

1．次の文章が正しいかどうか検討しなさい。
　　(1)減価償却費は費用として計上されているが，現金支出はないので，キャッシュ・フロー計算書を間接法で作成する場合には，キャッシュ・フローの増加項目として取り扱う。
　　(2)財務活動からのキャッシュ・フローがプラスであることは，企業の財務的健全性が保たれていることを意味する。
　　(3)売上債権の増加は，キャッシュ・フローの増加を意味する。
　　(4)棚卸資産の減少は，キャッシュ・フローの減少を意味する。
2．発生主義会計とキャッシュ・フロー会計では，どちらの会計が比較可能性の高い会計情報を提供することができるか論じなさい。
3．発生主義会計とキャッシュ・フロー会計では，どちらの会計が経常的な利益に関する会計情報を提供することができるか論じなさい。

4．キャッシュ・フロー情報は有用であるが，キャッシュ・フロー情報のみでよいとなると，会計学は必要ない。この文章の意味を考えなさい。

5．ある会社が，得意先から商品の代金を受け取り，商品も仕上げてそれを納入できる状態にあるが，今回の会計年度にはその商品の引渡しを行わなかったとする。費用も確定している。このとき，今回の会計年度に商品の売上と費用を計上したところ，税務署から，商品の引渡しが済んでいないので，来年度に売上収益とそれに関する費用を計上するよう求められた。その会社の経理担当者は，「現金を得意先から受け取り，費用も確定している。現金を受け取った年度に納税した方が現場は混乱しないので，今回の年度に納税したい。」と答え，その会社の社長も「現金の方がリアルな数値を提供する。貸借対照表で財産を見ると，実感がある。今年度支払っても来年度支払ってもどっちみち支払うのだから，払えるものは早く払ったほうがいい。」と答えた。この件についてあなたの考えを述べなさい。

6．次の資料に基づいて，キャッシュ・フロー計算書を作成しなさい。

キャッシュ・フロー計算書の作成（単位：千円）

期首貸借対照表

貸借対照表	前期	当期	増減	増減の内容	
				増加	減少
現金及び預金	750	780	30		
売掛金	2,775	3,285	510		
有価証券	1,500	750	△750		売却 750
棚卸資産	750	900	150		
建物	3,000	4,500	1,500		
減価償却累計額	(750)	(1,125)	375		
買掛金	(2,250)	(2,085)	△165		
短期借入金	(2,550)	(3,000)	450	借入 2,250	返済 1,800
未払法人税	(125)	(350)	225		支払 225
資本金	(2,050)	(2,050)	0		
剰余金	(1,050)	(1,605)	555		
諸資産(負債・資本合計)	8,025	9,090	1,065		

損益計算書	当　　期
売上高	(7,500)
売上原価	6,750
減価償却費	375
給料	120
有価証券売却益	750
税引前当期利益	(1,005)
法人税等	450
税引後当期利益	(555)

・当期に支払うべき法人税は，450千円であり，このうち225千円支払った。
・有価証券は簿価750千円のものを1,500千円で売却したので，750千円の有価証券売却益を計上している。
・当期中に建物1,500千円を現金購入した。
・給料に関して，未払額はない。

7．次の文章の（　）に適切な語句を記入しなさい。

　　たとえ多額の売上を計上している会社でも，現金の回収が行われなければ，倒産する場合がある。このことを表現したものとして，「（　1　）合って（　2　）足らず」という言葉がある。キャッシュ・フロー計算書をみれば，企業の（　3　）能力がわかり，その企業の将来のキャッシュ・フローの（　4　）を行うことができる。また，発生主義に基づく財務諸表は会計処理の選択適用が認められているので，（　5　）比較が困難であるが，キャッシュ・フロー計算書は，そのような会計処理の選択の影響を取り除くことができるため，（　6　）比較が容易になる側面がある。

　　減価償却費は，現金支出がないが，発生主義会計上は，（　7　）として計上されている。したがって，キャッシュ・フロー計算書を間接法で作成する場合には，税引前当期利益に減価償却費をプラスする必要がある。

解答

6.

直接法によるキャッシュ・フロー計算書の作成
営業収入
営業収入（6,990 千円）＝売上高（7,500 千円）＋期首売掛金残高 2,775 千円－期末売掛金残高 3,285 千円

商品の仕入支出
仕入支出 7,065 千円＝売上原価 6,750 千円－期首商品棚卸高 750 千円＋期末商品棚卸高 900 千円＋買掛金期首残高 2,250 千円－買掛金期末残高 2,085 千円

キャッシュ・フロー計算書（直接法）（単位：千円）
自 20×2 年 4 月 1 日至 20×3 年 3 月 31 日

Ⅰ営業活動によるキャッシュ・フロー	
営業収入	6,990
商品の仕入れによる支出	△7,065
人件費支出	△120
小計	△195
法人税等の支払額	△225
営業活動によるキャッシュ・フロー	△420
Ⅱ投資活動によるキャッシュ・フロー	
有価証券売却による収入	1,500
有形固定資産の取得による支出	△1,500
投資活動によるキャッシュ・フロー	0
Ⅲ財務活動によるキャッシュ・フロー	
短期借入金の増加	2,250
短期借入金の返済	△1,800
財務活動によるキャッシュ・フロー	450
Ⅳ現金及び現金同等物の増加額	30
Ⅴ現金及び現金同等物の期首残高	750
Ⅵ現金及び現金同等物の期末残高	780

キャッシュ・フロー計算書（間接法）（単位：千円）
自20×2年4月1日至20×3年3月31日

I 営業活動によるキャッシュ・フロー

税引前当期利益	1,005
減価償却費	375
有価証券売却益	△750
売上債権の増加額	△510
棚卸資産の増加額	△150
仕入債務の減少額	△165
小計	△195
法人税等の支払額	△225
営業活動によるキャッシュ・フロー	△420

II 投資活動によるキャッシュ・フロー

有価証券売却による収入	1,500
有形固定資産の取得による支出	△1,500
投資活動によるキャッシュ・フロー	0

III 財務活動によるキャッシュ・フロー

短期借入金の増加	2,250
短期借入金の返済	△1,800
財務活動によるキャッシュ・フロー	450
IV 現金及び現金同等物の増加額	30
V 現金及び現金同等物の期首残高	750
VI 現金及び現金同等物の期末残高	780

7．
　　（1）勘定　（2）銭　（3）支払　（4）予測　（5）企業間　（6）企業間　（7）費用

第6章 法人税等に対する会計

1．はじめに

　税効果会計という用語が，わが国では，これから検討していく会計を総称する用語として一般に用いられている。この用語のわが国における普及度は目覚ましいが，欧米の文献では，このような取り扱いを受けておらず，本章で取り扱われる会計は，**税の期間配分**（inter-period tax allocation），あるいは，**繰延税金**（deferred taxation）とよばれるのが一般的である。

　税効果というと，何か企業に有利なものをもたらすように考えられるかもしれないが，それは誤解である。税効果は，財務諸表と税務申告において，両者の損益の帰属年度の相違によって生じる法人税等の差異を意味しているにすぎず，企業にとって税の節約等の利点を提供するものではない。

　しかしながら，**不良債権処理**の促進に税効果会計は役立つという指摘が行われたことがあった。企業の側で，**貸倒損失**として会計上費用計上するのはかまわないが，税法上は，債権の回収不能が相当確実にならないと損金に認められない。とりわけ銀行は，不良債権を処理したいと考えていたが，財務諸表上損失を計上しても，税務上は損にならないために，不良債権処理に消極的にならざるを得ない状況があった。もっとも，税効果会計を用いれば，たとえ税務上の実際の税金の額は多額でも財務諸表上の税金の額を圧縮し，将来の税金として繰り延べることができた。

　また，税効果会計を導入すれば，繰延税金資産の金額を自己資本に計上することが認められているので，必要以上に自己資本を減少させずに済む。銀行には**BIS規制**の問題があり，国際業務を営む銀行に8％以上の**自己資本比率**が要求されていて，繰延税金を資産に計上し，**自己資本**を確保する必要性が該当する銀行にはあったのであり，税効果会計が利用されたのである。もっともこれ

は，課税所得の発生が前提となっている。課税所得が将来発生しなければ，将来の税の節約は生じないので，繰延税金資産は回収されない。

ここでは，法人税等に対する会計について，わが国で以前採用されていた方法と税効果会計に関する議論をみていく。

2．納税額方式

法人税等の会計としての**納税額方式**（cash method）は，単純で，直接的な方法であり，比較的適用が容易であるといってよい。この方法は，損益計算書に，その年に企業が現実に支払うべき法人税額を計上するというものである。その法人税の金額は企業の申告書から入手され，いかなる調整も行われない。当然のことであるが，企業が支払うべき税金の額は，年によりかなりの変動がある。しかしながら，納税額方式は，そのような変動をそのまま計上する方法である。

3．配分法

配分法（allocation method），すなわち，わが国で税効果会計とよばれている方法は，納税額方式とは異なっている。この方法によれば，その年に企業が支払う現実の法人税の金額は，損益計算書上の数値とはかかわりがない。その代わり，損益計算書に報告される法人税等の費用は，企業が支払う法人税率に基づいて計算され，その結果，税引前利益にとって完全に適切なものになる。しかし法人税等の費用は企業の申告書上の法人税等の金額とは一致しない状態になる。

法人税の配分は，**対応アプローチ**（matching approach）に合致する方法である。配分は，税引前利益に対して適切な費用を割り当てることになる。法人税を費用と見てその費用を関連する収益に対して割り当てることは，会計の基本

原則，**費用収益対応の原則**と合致する。

　配分法は，企業の利益の変動を排除することができ，企業の長期的な収益力の有用な尺度を提供する。利益が不安定な状態は，投資家や債権者の判断を困難にする。また利益の変動は，現実の企業の状態よりもよりリスキーな状態であることのシグナルになってしまうので，企業経営者にとっても望ましいものではない。

　現在の財務会計は，企業がゴーイング・コンサーン (going concern) であることを前提としているので，繰延税金は貸借対照表項目であるといいうる。また繰延税金の情報は，将来のキャッシュ・フローの予測情報となりうる。たとえば，繰延税金負債は，ほかの偶発債務と同様，将来の税金支払額の予測情報を提供する。

　税効果会計は，企業会計と税法の期間的なずれから生じる当期利益のゆがみを修正する。

(1)一時差異と永久差異
①**一時差異**——翌期以降の課税所得を増額または減額する効果を持つもの
（イ）将来減算一時差異
　その一時的差異が解消するときに，その期の課税所得を減額する効果を持つもの
- 引当金の繰入限度超過額
- 減価償却費の償却限度超過額
- 棚卸資産及び有価証券の評価損否認額

（ロ）将来加算一時差異
　その一時的差異が解消するときに，その期の課税所得を増額する効果を持つもの
- 利益処分方式による固定資産の圧縮記帳に係る圧縮積立金

・利益処分方式による租税特別措置法の諸準備金の計上

②**永久差異**——翌期以降の期間における課税所得計算に影響を与えないもの

（税効果会計の対象にならない）

永久差異となる申告調整項目の例

・交際費の損金不算入額

・寄付金の損金不算入額

・受取配当金の益金不算入額

(2)税効果額の算定

$$\left.\begin{array}{l}\text{将来減算一時差異}\\ \text{または}\\ \text{将来加算一時差異}\end{array}\right\} \times 法定実効税率 = 税効果額$$

法定実効税率

$$\frac{法人税率 \times (1+住民税率) + 事業税率}{1+事業税率}$$

(3)計算例（単位：千円）

税率は，40％とする。

摘　　要	第1期	第2期
税引前当期利益	1,000	1,000
貸倒損失否認	200	
貸倒損失認容		200

第1期

会計上：貸倒損失　200　売掛金　200

税務上貸倒損失　200千円が否認されると，

税引前利益　　　　　　　　　1,000
貸倒損失否認　　　　　　　　　 200
　　　　　　　　　　　1,200 × 40％ ＝ 480（未払法人税等）

①税効果会計を適用しない場合

　税引前当期利益　　1,000
　法人税等　　　　△ 480
　当期利益　　　　　 520

　税効果会計を適用しない場合，課税所得を基礎として，法人税等が費用計上される。

②税効果会計を適用した場合

　税引前当期利益　　1,000
　法人税等　　　　　 480 ⎤
　法人税等調整額　△ 80 ⎦
　当期利益　　　　　 600

法人税等調整額（税の影響額）＝ 200 千円 × 40％ ＝ 80 千円
＊税効果会計を適用すると，税引前当期利益と法人税等が合理的に対応する。

　法 人 税 等　480　　未払法人税等　480
　繰延税金資産　 80　　法人税等調整額　80

　繰延税金資産　 80　｜　未払法人税等　480

＊将来的に税金が減少する，将来減算一時差異が発生する。将来納めるべき税金が減少するので，繰延税金資産を計上する。

第2期

税引前当期利益	1,000
貸倒損失認容	△ 200

800 × 40％ ＝ 320（未払法人税等）

税引前当期利益	1,000
法人税等	320
法人税等調整額	80
当期利益	600

法人税等調整額（税の影響額）＝ 200 千円 × 40％ ＝ 80
＊税効果会計を適用すると，税引前当期利益と法人税等が合理的に対応する。

法　人　税　等	320	未払法人税等	320
法人税等調整額	80	繰延税金資産	80
		未払法人税等	320

　税効果会計を採用しない場合には，税引前利益と法人税等の額が対応しない。企業会計と税法とは，その目的が異なり，企業会計における収益・費用は，税法における益金・損金とは異なる点が多く，税引前利益と課税所得とが一致しないのである。この差異には，会計上と税務上の差異が永久的に解消さ

れない永久差異と，会計上と税務上とでの損益の期間帰属が異なることで生じる一時差異があり，税効果会計の対象となるのは，この一時差異になる。

企業はまた現実の法人税債務を計上しなければならないため，配分法は複雑なものとなる。現実の法人税債務を記録するが，これとは異なる法人税費用を報告することは，いくつかの複雑な会計を要求することになるのである。

APB（Accounting Principles Board）は，損益計算書を強調するが，**FASB**（Financial Accounting Standards Board）は，貸借対照表を強調する。損益計算書を重視する税の配分は，現在の FASB の考え方には適合しない。

また，繰延税金負債は，現実の債務ではない。繰延税金負債は，将来のキャッシュ・フローの流失情報ではあるが，法的な債務ではない。

配分アプローチは，**発生主義**を単に適用したにすぎず，税引前利益に対して適切な費用の計上を行っているにすぎない。

そもそも法人税は費用ではない。財務会計概念書第 6 号（Statements of Financial Accounting Concepts No.6: Elements of Financial Statements）は，法人税を費用であるとしているが，財務会計概念書第 6 号の定義に法人税は合致しない。財務会計概念書第 6 号は，(1)製品あるいは財を運送するか製造する　(2)サービスを提供する　(3)実体の経営活動である他の活動を行うための支出を費用としているが，法人税費用はこれらのどれにもあてはまらない。また費用というのは自主的に支出されるものであるが，法人税費用はそうではない。また法人税費用は収益を生み出すために支出されるものでもない。

財務会計の目的として，**利益の平準化**というものはない。外部の利害関係者は，実際に支払われる法人税等の金額を知りたいと考えている。投資家の中には，法人税の金額を節約することができる企業かそうでないかを知りたいと考えるものもいる。

法人税の配分は，損益計算書に複雑性を付け加えることになる税率の変更や税法の変更に関して問題がある。将来の税率と税法の変更に関する不確実性は，税の配分を不安定で複雑なものにする。たとえば，税率が低下した場合，

繰延税金資産があれば，その金額を圧縮し，圧縮した金額分だけ当期の法人税等として税引前利益から控除しなければならないので報告利益は減少する。通常は税率の低下は税引後利益にプラスに働くがこの場合は逆の効果がある。

　法人税の配分は，会計記録に**現実ではない会計**（fictional accounting）を導入することになる。財務諸表に計上されている法人税費用は，現実に企業が支払う税ではなく，税の申告書とも一致しない。支払われた法人税額あるいは現在支払わなくてはならない金額で法人税の費用を計算する方がむしろ企業の将来のキャッシュ・アウトフローのよりよい指標を提供する。

　法人税は課税所得から生じるのであって，企業会計上の利益とは関係がない。税の期間配分は，財務諸表の利用者に適切な情報を提供しない。

　また，税の期間配分は暗黙的に将来の利益を予測しているが，これは，保守主義という長期にわたり維持されてきた会計の基本原則と首尾一貫しない。

4．繰延法と資産負債法

　繰延税金の計算方法には，**繰延法**（deferred method）と**資産負債法**（asset/liability method）がある。繰延法は，一時差異が発生した年度の差異の解消に重点が置かれるので，発生年度の税率が用いられる。これに対し，資産負債法は，将来期間における一時差異の解消に重点が置かれるので，解消年度の税率が用いられる。

　繰延法は，簡便ではあるが，税率の大幅な変更があっても，その税率の変更に伴う繰延税金資産・繰延税金負債の金額の変更が行われないため，これらの繰り延べられた金額が将来の税金減少額あるいは将来の税金増加額を示さなくなり，資産・負債とはいえない繰り延べ額となるという批判がある。したがって，繰延法に基づく繰延税金資産・負債は，FASBの概念書第6号の資産・負債にも合致しない。繰延法は，将来の会計期間における対応を維持するため，一時差異を繰り延べる方法であり，それゆえ，損益計算書を重視したアプロー

チに合致する方法であるといわれる。

　また，会計の報告はほとんどが過去の記録の報告であり，繰延税金も同様である。繰延税金は，一時的な差異を生ぜしめた歴史的な取引あるいは事象の結果である。したがって，繰り延べた税金の金額が，資産・負債の性格を欠いていても問題はない。

　さらには，法人税の過去の税率は検証可能なものであり，会計情報の信頼性を高めるものであるという見解もある。

　一方の資産負債法は，税率の変更に伴い，繰延税金資産・繰延税金負債の金額の変更が行われるので，繰延税金資産・繰延税金負債の金額は，将来の税金減少額または将来の税金増加額を示すことになり，繰延税金資産・繰延税金負債の資産性あるいは負債性に関して，問題は生じない。資産負債法は，貸借対照表志向的な方法であり，将来実際に反転（reverse）する時の一時差異を認識し評価しようとする方法である。現在の会計は貸借対照表がその重要性を増している。

　資産・負債法は将来の税率を用いるとされるので，将来の税率の見積もりが必要になる。見積もりは，現行の会計において，減価償却にみられるように広く行われており，検証可能性や信頼性に関して問題はない。しかし計算が複雑になることは否めない。

例　題

①第1期に売掛金の貸倒引当損計上に関して，税務上損金算入が認められず，一時差異が40,000千円生じた。税率は50％であった。
②第2期に税率が変更になり，税率が40％になった。
③第3期に貸倒引当損計上に関して，損金算入が認められた。
　なお，第1期から第3期までの税引前当期純利益の金額は，200,000千円であった。
（繰延法）
第1期
　（借）繰延税金資産　20,000　　（貸）法人税等調整額　20,000

40,000千円×50％＝20,000千円

損益計算書上の法人税等

（200,000千円＋40,000千円）×50％＝120,000千円

120,000千円－法人税等調整額20,000千円＝100,000千円

税引前当期利益	200,000
法人税等	120,000
法人税等調整額	△ 20,000
当期利益	100,000

第2期

損益計算書上の法人税等

200,000千円×40％＝80,000千円

第3期

（借）法人税等調整額　20,000　　（貸）繰延税金資産　20,000

損益計算書上の法人税等

（200,000千円－40,000千円）×40％＝64,000千円

64,000千円＋法人税等調整額20,000千円＝84,000千円

{ 繰り越されてきた繰延税金資産の金額20,000千円と第3期の税の減少額40,000千円×40％＝16,000千円は一致しないことになる。 }

税引前当期利益	200,000
法人税等	64,000
法人税等調整額	20,000
当期利益	116,000

（資産負債法）

第1期

（借）繰延税金資産　20,000　　（貸）法人税等調整額　20,000

40,000千円×50％＝20,000千円

損益計算書上の法人税等

（200,000 千円 + 40,000 千円）× 50% = 120,000 千円

120,000 千円 − 法人税等調整額 20,000 千円 = 100,000 千円

第 2 期

税率が下がったので，下がった分だけ，第 1 期の仕訳を修正する。

20,000 千円 − 40,000 千円 × 40% = 4,000 千円

（借）法人税等調整額　4,000　　（貸）繰延税金資産　4,000

（第 1 期の仕訳の逆仕訳）

損益計算書上の法人税等

200,000 千円 × 40% = 80,000 千円 + 4,000 千円 = 84,000 千円

税引前当期利益	200,000
法人税等	80,000
法人税等調整額	4,000
当期利益	116,000

第 3 期

（借）法人税等調整額　16,000　　（貸）繰延税金資産　16,000

損益計算書上の法人税等

（200,000 千円 − 40,000 千円）× 40% = 64,000 千円

法人税 64,000 千円 + 法人税等調整額 16,000 千円 = 80,000 千円

〔資産負債法では，解消時の税の軽減額を重視するので，第 2 期から繰り越されてきた繰延税金資産の金額 16,000 千円が第 3 期の税の減少額と一致することになる。〕

税引前当期利益	200,000
法人税等	64,000
法人税等調整額	16,000
当期利益	120,000

5．税効果会計の是非をめぐって

　いわゆる税効果会計は，人工的に財務諸表上の法人税を調節して，財務会計目的の利益を計上することを目的とした会計である。財務諸表に計上される法人税は，会社が実際に支払わなければならない法人税を意味していない。現実に近いピクチャーを提供するのが望ましい会計であるとすれば，この意味では，税効果会計を受け入れることはできない。

　しかしながら，財務会計は税務会計とは目的を異にしており，税務とは別の利益を計上する方が，利害関係者の意思決定に有用な情報を提供すると考えることができる。税効果会計は，税法の影響を取り除いた財務会計上の利益数値を提供するものである。税金を繰り延べて配分することにより，利益が平準化され，投資家や債権者等の利害関係者の判断が適切にできるのであれば，複雑さを受け入れて，税効果会計を積極的に利用すべきかもしれない。

練習問題

1．次の文章が正しいかどうか検討しなさい。
　(1)税効果会計を用いることにより，節税効果が得られる。
　(2)交際費を損金計上したが，税務上は損金不算入とされ，その費用性が否認された。この場合，繰延税金資産を計上することになる。
　(3)将来減算一時差異が生じている場合には，当該差異が解消する期間において，法人税費用を増加させねばらない。
　(4)税効果会計の論拠は，法人税は費用であり，費用収益対応の原則に基づき，ほかの費用と同様に配分すべきであるというものである。
2．次の取引に基づき，仕訳を行いなさい。
　①当社は，商品4,000千円につき3,800千円と評価し，評価損200千円を計上したが，法人税法上否認された。なお，当社は，この商品を翌期において処分することを予定している。

②税引前当期利益は 2,000 千円であり，法定実効税率は，40% である。
　③当期の法人税，住民税及び事業税の額は，1,100 千円である。
3．法人税の費用性について論じなさい。
4．税効果会計を用いた利益の平準化の是非を論じなさい。
5．納税額方式と配分法では，どちらが企業の業績を適切に表現する会計ですか。
6．繰延法と資産負債法の特徴を述べなさい。
7．次の文章の（　）に適切な語句を記入しなさい。

　　税効果会計は，税法の影響を取り除き，（　1　）会計上の利益を計上しようとする試みであるが，その対象は，一時差異のみで，（　2　）はその対象とならないので，完全に税法の影響を取り除けるものではない。

　　税効果会計の論拠として，費用収益対応の原則をあげることができる。すなわち，税金を（　3　）とみて，ほかの（　4　）と同様に，配分するのである。税効果会計を用いると，企業の（　5　）的な利益を計上することになるが，一方，その利益は（　6　）的な利益ではないかという批判もある。

　　繰延税金の計算方法に，繰延法と資産負債法がある。将来期間における期間差異の解消に重点が置かれるのが，（　7　）であり，（　8　）の税率が用いられる。FASBの財務会計概念書第6号に合致するのも（　9　）である。

　　法人税等の会計として，税効果会計以外の方法として，（　10　）方式がある。この方法は，損益計算書に，その年に企業が現実に支払うべき税金を計上するものである。

解　答

2．

(4,000千円 − 3,800千円) × 実効税率 40% = 80千円

繰延税金資産　80　　法人税等調整額　80

7．

(1) 財務　(2) 永久差異　(3) 費用　(4) 費用　(5) 経常　(6) 人工
(7) 資産負債法　(8) 将来　(9) 資産負債法　(10) 納税額

第7章 合併会計

1．はじめに

　わが国では，合併の会計処理に関して，**現物出資説**と**人格合一説**があるとされてきた。アメリカでは，それぞれ，現物出資説が**パーチェス法**（purchase method），人格合一説は，**持分プーリング法**（pooling-of-interest method）とよばれている。

　まず現物出資説というのは，どのような合併本質観なのか。被合併法人が，合併時に資産・負債を現物出資する。一方，合併法人は，その対価として株式・金銭等を支払う。合併では，合併法人が株式・金銭等を支払い，被合併法人を購入するという経済的な取引が行われるのである。こうした合併の交換取引としての側面をとらえた本質観が，いわゆる現物出資説である。現物出資説は，合併の経済的側面をよくとらえているといわれている。

　この本質観は，アメリカにおけるパーチェス法に通じるところがあると考えられている。このことは，容易に理解できよう。なぜなら，パーチェス法も現物出資説と同様，合併会社が被合併会社を文字通り買収するという形で合併を理解するからである。現物出資説で会計処理した場合の特徴として，まず資産・負債の時価評価があげられる。たとえば，われわれが機械を入手した場合を考えてみる。この場合，帳簿価額で記帳するということはしない。その機械は，時価で測定され，記帳される。合併もこうした交換取引と同一とみなせば，資産の時価評価が求められることになろう。

　これに対して，一方の人格合一説の方は，どのような本質観なのか。現物出資説は，極論すれば，合併を単純な交換取引としてとらえるが，これに対し人格合一説は，合併をそのような単純な交換取引としてとらえない。人格合一説は，合併法人と被合併法人のそれぞれに人格が存在し，合併によりそれらの人

格が一つになるものと考えるのである。

この本質観は，アメリカにおける持分プーリング法に通じると考えられている。合併当事会社の株主に着目しよう。被合併会社の株主は，これまで所有してきた株式に代わり，新たに合併会社の株式が交付される。その結果，被合併会社の株主は，従来から株式を所有してきた合併会社の株主と持分を共有する（pool）ことになる。このような持分の共有に着目したのが，わが国の人格合一説に通じる持分プーリング法である。

2．現物出資説

現物出資説の特徴として，資産負債の時価評価があげられる。現物出資説の下では，合併は，通常の交換取引との類似性が指摘され，合併した場合に，資産は時価で評価されるべきであるとされるのである。被合併法人の資産・負債の再評価が行われるのに，一方の合併法人の資産・負債の再評価が行われないことに疑問を持つ向きがないわけではない。しかし合併を通常の交換取引とみなす考え方を取れば，合併会社の方は，再評価しないのが当然である。たとえば，ある会社が新たに資産を購入するとしよう。その新規購入資産が購入される場合の価額は，その時の取引価額であるから，当然時価ということになる。しかしその会社が従来から所有している資産の価額は，時価で測定されない。通常の場合，当然帳簿価額のまま記帳され続ける。従来から所有している資産については，何ら変化が認識されないのである。

現物出資説のもう一つの特徴として，**のれん**（goodwill）の認識がある。すでに述べたように，現物出資説では，資産・負債を時価評価する。そしてその時価評価した資産・負債の差額である純資産額を新たに交付される株式等の時価と比較する。承継する純資産の額が新たに交付される株式等の時価よりも小さい場合には，のれんが生じることになるのである。

のれんは，通常同業他社の収益力を上回る**超過収益力**をもたらすものと考え

られている。確かにある業界で，同業の他社と比べて，高い収益を持続的にあげている企業が存在する。そのような企業には，なるほど超過収益力たるのれんがあると考えることができよう。企業の実体をなるべく，忠実に反映するという会計の果たす役割を認識すると，企業の超過収益力をのれんとして会計的に表現する必要がある。

　のれんに関して，償却説，非償却説がある。償却説は，**発生主義会計**，特に**費用収益対応の原則**にその論拠を見出すことができる。のれんは将来の収益を生む。のれんの償却費はその将来の収益に対応させるべきであると考えるのである。しかしのれんはその耐用年数を測定することが困難である。仮にのれんが超過収益力を生むとしても，どのぐらいその期間が継続するのか。競争力というのがそれほど長く継続しないのであれば，短期で償却するのが適切である。しかしのれんは将来の収益性を意味することを考えれば，即時償却は適切ではなく，将来の収益に対応させるため繰り延べて少しずつ償却するのが適切であろう。逆に，のれんはほかの固定資産と異なり，事業の継続性により価値が高まり，減価しないので，償却する必要性はないとの見解もある。

　アメリカでは，のれんは資産性があり，即時償却は適切ではないとされた。**資産負債アプローチ**からすれば，のれんは資産の定義を満たすことがあげられ，またのれんの即時償却は実態を忠実に表現しないことになるという理由で，否定されている。また，のれんは，その経済的寿命を測定できないし，実証研究の結果，のれんの償却情報は有用性がないという指摘があり，規則的償却も，放棄されたといわれている。

　結局，FASBは，のれんに対しては，規則的償却を行わず，**減損処理**という方法で対処することにしたのだが，しかしこれはパーチェス法に一本化する代償として，のれんを償却しないことにしたにすぎないという批判がある。

　わが国では，のれんは，かつて5年で償却することにしていたのを，20年以内のその効果が及ぶ期間にわたり，定額法その他の合理的な方法により規則的に償却するものとした（「企業結合に係る会計基準」三・2 (4)）。また同時に**減損**

会計も併用することにしている。

3．人格合一説

　人格合一説は，被合併会社のすべてのものが引き継がれるとする考え方であるといってよいだろう。合併に際して，被合併会社の資産・負債は簿価でそのまま引き継がれる。被合併会社の資本の部もそのまま引き継がれる。資本構成ももちろん変わらない。被合併会社の資本準備金，利益準備金，その他の利益剰余金等がそのまま引き継がれるのである。

　また，現物出資説は，合併を単純な交換取引であるととらえているが，これは誤りであるとする見解がある。現物出資説の考え方には，合併を単純な交換取引であるととらえているところがある。しかし合併は，単純な交換取引とは異なる。たとえば，合併により取得した資産は，合併後も合併前と同じ状態で継続して利用される。合併とほかの資産取得の間には，明らかに重要な差異があるというのである。

　さらに，人格合一説的会計処理の方が現物出資説的会計処理よりも有用な会計情報を提供するとの見解もある。会計情報の利用者は，**期間比較・企業間比較**を行い，企業を評価する。現物出資説的会計処理は，何ら変化のない財務諸表に変化を生ぜしめる。なるほどたとえば，資産の市場価値は，簿価とはかなり乖離している場合があろう。減価償却費も当然異なってくる。そうなると，合併前と後で，会社の業績がよくなったのかそれとも反対に悪くなったのかを比較することが困難になるというのである。

　人格合一説に基づく会計処理は，アメリカにおいて非常に普及した方法である。その普及した理由というのは，現物出資説にはないいくつかのメリットが，人格合一説にあるからである。しかしそのメリットというのは，会計情報の有用性と関連はない。

　まず，人格合一説の場合，のれんを計上する必要がないことがメリットのひ

とつであるといわれている。のれんというのは，解釈が多様であり，その実態が不明確である。また償却費の問題もある。**保守主義**の見地からすると，のれんを償却せずにおくことは望ましくないと考えられる。したがってこの見地からすれば，償却が行われるが，しかし償却すれば，減価償却費の場合と同様，費用の金額が大きくなり，結果的に利益が少なく計上されることになる。

　さらに人格合一説の場合，留保利益をそのまま引き継ぐこともメリットのひとつであるといわれている。人格合一説の場合，留保利益をそのまま引き継げるから，その分だけその後の配当利益が大きくなる。

　最後にあげておかなければならない人格合一説の利点がある。それは，**インスタント利益**（instant earning）である。人格合一説に基づく会計においては，取得資産は帳簿価額で計上されるから，取得資産はインフレにより含み資産を有することになり，結合後利益が小さいとき，取得資産を売却することによって含み益を吐き出し1株あたり利益を高めることができる。このように，会計処理上の操作によって得られる利益は，インスタント利益とよばれる。人格合一説に基づく会計を採用する場合には，合併の際に簿価で引き継いだ資産を，合併後売却すれば，多額のインスタント利益を計上することができる。これも人格合一説に基づく会計，持分プーリング法の大きなメリットとなっている。

　アメリカにおいては，持分プーリング法を濫用した合併が，とりわけハイテク企業の間で増えて問題となった。持分プーリング法濫用の理由として，のれんの償却負担がないことがあるといわれている。FASBはすべての合併についてパーチェス法を用いることを要求し，日本における人格合一説である持分プーリング法が採用されないこととなった。またパーチェス法に一本化することにより，**企業間比較**が容易になり，**比較可能性**が高まったといわれている。

　わが国では，一定の要件を満たす合併に関して，例外的に持分プーリング法がみとめられてきた。しかしアメリカのFASBの財務会計基準書第141号や，国際財務報告基準第3号において持分プーリング法が禁止されることになり，コンバージェンスの観点から，持分プーリング法は，わが国でも若干の例外を

除いて，禁止されるようになった。

例題

次のような財政状態にあるＢ会社をＡ会社が吸収合併した。Ｂ会社の株主に新たに1株あたりの時価が4,500円の株式1,000株を交付する。Ｂ社の株主に交付した株式の時価評価額のうち，3,000千円を資本金に組み入れるとともに，残額はすべて合併差益として資本準備金に含めることが，合併契約で定められている。現物出資説と人格合一説により，この場合に必要な仕訳を行いなさい。なお，現物出資説の場合の資産の時価は，7,500千円とし，人格合一説の場合，資本金，資本準備金，利益準備金，その他利益剰余金をそのまま引き継ぐことにする。

Ａ会社貸借対照表　　　　　　　（単位　千円）

諸　資　産	14,400	諸　負　債	7,200
		資　本　金	6,000
		資本準備金	300
		利益準備金	300
		その他利益剰余金	600
	14,400		14,400

Ｂ会社貸借対照表　　　　　　　（単位　千円）

諸　資　産	7,200	諸　負　債	3,600
		資　本　金	3,000
		資本準備金	150
		利益準備金	150
		その他利益剰余金	300
	7,200		7,200

第7章　合併会計　○——— 73

解　答

（現物出資説）

諸　資　産	7,500	諸　負　債	3,600
の　れ　ん	600	資　本　金	3,000
		合 併 差 益	1,500

のれん＝取得価額 4,500 円× 1,000 株－引継純資産時価 3,900 千円（7,500 千円－ 3,600 千円）＝ 600 千円
合併差益＝対価 4,500 円× 1,000 株－資本組入 3,000 千円＝ 1,500 千円

（現物出資説）

A会社貸借対照表
（単位　千円）

諸　資　産	21,900	諸　負　債	10,800
の　れ　ん	600	資　本　金	9,000
		資本準備金	300
		合 併 差 益	1,500
		利益準備金	300
		その他利益剰余金	600
	22,500		22,500

（人格合一説）

諸　資　産	7,200	諸　負　債	3,600
		資　本　金	3,000
		資本準備金	150
		利益準備金	150
		その他の利益剰余金	300

(人格合一説)

A会社貸借対照表
（単位　千円）

諸　資　産	21,600	諸　負　債	10,800
		資　本　金	9,000
		資本準備金	450
		利益準備金	450
		その他利益剰余金	900
	21,600		21,600

4．フレッシュ・スタート法

　実質的に取得ではなく同等の合併であると判断されるケースでは，企業実体が継続するというよりは，以前の実態とはまったく違った新しい企業実体が発生すると考えるのが適切である。このようなケースでは，現物出資説も人格合一説も適切ではなく，**フレッシュ・スタート法**（fresh-start method）が適切ではないかとFASBは提案している。この方法によれば，結合した会社すべての資産負債が再評価される。

例　題

（1）A株式会社は，B株式会社を吸収合併し，1株50,000円の株式500株を交付した。合併によって引き継いだB株式会社の諸資産は，100,000,000円，諸負債は60,000,000円であった。現物出資説に基づき，必要な仕訳を行いなさい。なお，交付した株式の発行価額総額を資本金に組み入れる。

第7章 合併会計　75

解答

諸 資 産	100,000,000	諸 負 債	60,000,000
		資 本 金	25,000,000
		負ののれん	15,000,000

交付した株式の時価が受け入れ純資産を下回る金額は，「負ののれん」となる。

（2）A株式会社は，B株式会社を吸収合併し，1株50,000円の株式500株を交付した。合併によって引き継いだB株式会社の諸資産は，100,000,000円，諸負債は60,000,000円であった。現物出資説に基づき，必要な仕訳を行いなさい。なお，交付した株式の時価評価額のうち，会社法に定める最低額を資本金に組み入れることにした。

解答

諸 資 産	100,000,000	諸 負 債	60,000,000
		資 本 金	12,500,000
		合 併 差 益	12,500,000
		（資本準備金）	
		負ののれん	15,000,000

交付した株式の時価評価額のうち，資本金に組み入れなかった金額は，合併差益となる。

5．国際財務報告基準と日本基準との差異

　アメリカと同様，国際財務報告基準第3号でも，のれんは，減損の対象ではあるが，しかしわが国と異なり，規則的償却は行われない。

　国際財務報告基準では，連結を親会社株主の視点から把握する親会社概念ではなく，企業集団全体から把握する経済的単一体概念が採用されている。したがって，国際財務報告基準では，のれんに関しても，親会社取得分のみから発生するものを認識するのではなく，非支配持分（少数株主）に帰属する分も合

わせてすべての部分について認識するのが原則である。しかしこの「全部のれん方式」を採用し，減損を計上することになると，多大な影響が生じることになる。そこで，「購入のれん方式」も採用されている。

これに対してわが国では，「購入のれん方式」のみが採用されている。

例　題

A株式会社は，B株式会社の株式1,000株（発行済株式の70％，1株あたりの公正価値4千円）を取得することにし，A社株式100株（1株あたりの公正価値40千円）を発行して支配を獲得した。取得日における財政状態計算書は以下の通りである。国際財務報告基準で認められる2つの方法による仕訳をしなさい。

解　答

B社財政状態計算書　　　　　　（単位　千円）

諸　資　産	9,000	諸　負　債	6,000
		持　　　分	3,000
	9,000		9,000

解　答

全部のれん方式

諸　資　産	9,000	諸　負　債	6,000
の　れ　ん	2,200	資　本　金	4,000
		非支配持分	1,200

資　本　金＝A社株式1株あたりの公正価値40千円×100株＝4,000千円
非支配持分＝B社株式1株当たり公正価値4千円×1,000株×30％＝1,200千円

のれん＝（4,000千円＋1,200千円）－3,000千円＝2,200千円

購入のれん方式

諸 資 産	9,000	諸 負 債	6,000
の れ ん	1,900	資 本 金	4,000
		非支配持分	900

資　本　金＝A社株式1株あたりの公正価値40千円×100株＝4,000千円
非支配持分＝B社持分3,000千円×30％＝900千円
の　れ　ん＝（4,000千円＋900千円）－3,000千円＝1,900千円

練習問題

1．次の文章が正しいかどうか検討しなさい。
　(1)わが国は，アメリカと同様，のれんに関して，減損を適用するのみで，規則的償却は行われない。
　(2)パーチェス法は合併会社と被合併会社の資産を時価で評価する方法である。
　(3)合併差益は資本準備金である。
　(4)人格合一説に基づくと，インスタント利益が計上される可能性がある。
　(5)手元にある自社株を金庫株（treasury stock）という。
2．合併の会計処理をパーチェス法のみに限定することの利点を述べなさい。
3．のれん（営業権）を資産計上する理論的根拠は何か。
4．会計は企業の実態を忠実に反映するのが望ましいので，自己創設のれんも計上すべきであるとする見解について，あなたの意見を述べなさい。
5．アメリカでは，かつて40年でのれんが償却された時代があったが，これに関してあなたはどのように考えますか。
6．アメリカでは，のれんに関して，規則的償却を放棄して，減損という方法で対処している。この場合，経営者が自ら企業価値を評価する必要性が生じるが，これについて何か問題はありますか。
7．アメリカでは業界の陳情を受けた議会の圧力によりのれんの規則的償却を取りやめたとのことであるが，このことについてあなたの考えを述べなさい。
8．いわゆる「ライブドアショック」において，自己株式の売却益を収益計上する経理が粉飾決算であるといわれたが，それはなぜか。

9. 次のような財政状態にあるB会社をA会社が合併した。B会社の株主に新たに1株あたりの時価が1,500円の株式1,000株を交付する。B社の株主に交付した株式の時価評価額のうち、1,000千円を資本金に組み入れるとともに、残額はすべて合併差益として資本準備金に含めることが、合併契約で定められている。

　現物出資説と人格合一説により、この場合に必要な仕訳を行いなさい。

　なお、現物出資説の場合の資産の時価は、2,500千円とし、人格合一説の場合、資本金、資本準備金、利益準備金、その他利益剰余金をそのまま引き継ぐことにする。

A会社貸借対照表　　　　　　　　（単位　千円）

諸資産	4,800	諸負債	2,400
		資本金	2,000
		資本準備金	100
		利益準備金	100
		その他利益剰余金	200
	4,800		4,800

B会社貸借対照表　　　　　　　　（単位　千円）

諸資産	2,400	諸負債	1,200
		資本金	1,000
		資本準備金	50
		利益準備金	50
		その他利益剰余金	100
	2,400		2,400

10. 次のような財政状態にあるB会社をA会社が合併した。B会社の株主に新たに1株あたりの時価が500円の株式1,000株を交付する。B社の株主に交付した株式の時価評価額のうち、会社法に定める最低額を資本金に組み入れることにした。

　現物出資説により、この場合に必要な仕訳を行いなさい。

　なお、現物出資説の場合の資産の時価は、2,500千円とする。

第7章　合併会計　79

A会社貸借対照表
(単位　千円)

諸　資　産	4,800	諸　負　債	2,400
		資　本　金	2,000
		資本準備金	100
		利益準備金	100
		その他利益剰余金	200
	4,800		4,800

B会社貸借対照表
(単位　千円)

諸　資　産	2,400	諸　負　債	1,200
		資　本　金	1,000
		資本準備金	50
		利益準備金	50
		その他利益剰余金	100
	2,400		2,400

11. A株式会社は，B株式会社の株式1,000株（発行済株式の40％，1株あたりの公正価値2千円）を取得することにし，A社株式100株（1株あたりの公正価値30千円）を発行して支配を獲得した。取得日における財政状態計算書は以下の通りである。国際財務報告基準で認められる2つの方法による仕訳をしなさい。

B会社貸借対照表
(単位　千円)

諸　資　産	9,000	諸　負　債	6,000
		持　　分	3,000
	9,000		9,000

12. 企業買収で生じた「のれん」の定期償却が求められないため，IFRSを採用する日本企業が増えている。これに関して，あなたはどのように考えますか。

13. 次の文章の(　)に適切な語句を記入しなさい。
　　合併のとらえ方として，現物出資説と人格合一説とがある。現物出資説は，資産・負債を(　1　)で評価するのに対して，人格合一説では，資産・負債を(　2　)で評価する。現物出資説を採用している場合には，企業の投資額が受け入れた純資産を上回ると，(　3　)が計上される。

のれんの償却に関して，わが国では，（ 4 ）と減損を行うが，アメリカでは，減損のみである。のれんには償却説と非償却説がある。償却説は，（ 5 ）にその論拠を見出すことができる。また（ 6 ）の見地からすると，のれんは償却すべきであるといえる。しかしのれんを償却すれば，（ 7 ）が増え，企業利益を圧迫することになる。のれんに関して，アメリカでは，（ 8 ）会計を適用するのみで，規則的償却は行われていない。

　実質的に取得ではなく，同等の合併であると判断されるケースでは，（ 9 ）が適切ではないかという FASB の提案がある。この方法によれば，被合併会社の財務諸表のみならず，合併会社の資産負債が（ 10 ）されることになる。

解　答

10.

（現物出資説）

諸　資　産	2,500	諸　負　債	1,200
の　れ　ん	200	資　本　金	1,000
		合　併　差　益	500

のれん＝取得価額 1,500 円 × 1,000 株 － 引継純資産時価 1,300 千円（2,500 千円 － 1,200 千円）＝ 200 千円

合併差益＝対価 1,500 円 × 1,000 株 － 資本組入 1,000 千円＝ 500 千円

（人格合一説）

諸　資　産	2,400	諸　負　債	1,200
		資　本　金	1,000
		資　本　準　備　金	50
		利　益　準　備　金	50
		その他利益剰余金	100

(現物出資説)

A会社貸借対照表 (単位 千円)

諸 資 産	7,300	諸 負 債 3,600
の れ ん	200	資 本 金 3,000
		資本準備金 100
		合 併 差 益 500
		利益準備金 100
		その他利益剰余金 200
	7,500	7,500

(人格合一説)

A会社貸借対照表 (単位 千円)

諸 資 産	7,200	諸 負 債 3,600
		資 本 金 3,000
		資本準備金 150
		利益準備金 150
		その他利益剰余金 300
	7,200	7,200

11.
(現物出資説)

諸 資 産	2,500	諸 負 債	1,200
		資 本 金	250
		合 併 差 益	250
		(資本準備金)	
		負ののれん	800

「負ののれん」＝取得価額500円×1,000株－引継純資産時価1,300千円（2,500千円－1,200千円）＝－800千円

（現物出資説）

A会社貸借対照表　　　　　　　　（単位　千円）

諸　資　産	7,300	諸　負　債	3,600
		資　本　金	2,250
		資本準備金	100
		合　併　差　益	250
		負ののれん	800
		利益準備金	100
		その他利益剰余金	200
	7,300		7,300

12.

全部のれん方式

諸　資　産	9,000	諸　負　債	6,000
の　れ　ん	800	資　本　金	3,000
		非支配持分	800

資　本　金＝A社株式1株あたりの公正価値 30千円×100株＝3,000千円
非支配持分＝B社株式1株当たり公正価値 2千円×1,000株×40％＝800千円
の　れ　ん＝（3,000千円＋800千円）－3,000千円＝800千円

購入のれん方式

諸　資　産	9,000	諸　負　債	6,000
の　れ　ん	1,200	資　本　金	3,000
		非支配持分	1,200

資　本　金＝A社株式1株あたりの公正価値 30千円×100株＝3,000千円
非支配持分＝B社持分 3,000千円×40％＝1,200千円
の　れ　ん＝（3,000千円＋1,200千円）－3,000千円＝1,200千円

13.
　（1）時価　（2）簿価　（3）のれん　（4）規則的償却　（5）費用収益対応の原則
　（6）保守主義　（7）費用　（8）減損　（9）フレッシュ・スタート法　（10）時価評価

第8章 外貨換算会計

1. はじめに

　国内の企業が，外国企業と外貨建てで取引を行う場合，本邦通貨（日本円）で**換算**（translation）する必要が生じる。

　また，国内の企業が，在外子会社（在外支店）等を通じて外国で事業を営む場合に生じる外貨建債権・債務や外貨表示財務諸表は，これを本邦通貨で換算し，本支店合併財務諸表や連結財務諸表を作成する必要が生じる。

　企業会計の国際化の進展に伴い，**外貨換算会計**が必要とされる場面が増加してきている。為替相場の変動が多国籍企業の会計情報や報告システムに与える影響は大きく，外貨換算会計は重要でかつ，広く議論されるべき会計の問題となっている。

　外貨換算の会計処理方法には，次に掲げるようないくつかの方法が存在する。

1　流動・非流動法（current-concurrent method）
2　貨幣・非貨幣法（monetary-non-monetary method）
3　テンポラル法（temporal method）
4　決算日レート法（closing rate method）

　このうち，第1～第3の方法は，ある種の財務諸表項目には，歴史的な為替相場，すなわち，取得時または発生時の為替相場を適用し，ほかの項目には現在の為替相場，すなわち貸借対照表日の為替相場を適用して，外貨で表示された金額を自国通貨に換算する。

　一方，第4の方法は，すべての財務諸表項目に決算日レートを適用して，外

貨で表示された金額を自国通貨に換算するというものである。

外貨換算は，外国語を自国の言葉に翻訳するのと同様に，なるべくもともとの意味をそのまま伝達するのが原則である。したがって，外貨換算という会計処理は，測定される数値の属性を変化させるものであってはならない。

2．流動・非流動法

周知のように，貸借対照表において，資産の部は流動資産と固定資産に，負債の部は流動負債と固定負債に分類されている。

流動・非流動法は，この分類に基づき，流動資産および流動負債に対しては，**決算日レート**（CR：Current Rate）を流動項目以外の項目に対しては，**取引日レート**（HR：Historical Rate）を適用して，外貨で表示された金額を自国通貨に換算する方法である。

流動・非流動法が実務に用いられた歴史は古い。流動・非流動法は，1931年，アメリカ会計士協会（American Institute of Certified Public Accountants）により最初に提唱され，1953年には，会計研究公報第43号（Accounting Research Bulletin No.43）で取り上げられ，長く外貨換算の処理基準として支配的な位置を占めた。

流動・非流動法は，貸借対照表の分類基準に基づいて為替レートを選択適用する方法であるが，そもそも流動性区分は，企業の信用分析に用いる方法であり，これを換算に用いる明確な根拠がないと批判されている。

また棚卸資産・固定資産共に，物的資産であり，取得原価で測定されているにもかかわらず，前者はCRで，後者はHRで評価される。これは，棚卸資産が流動資産に分類されるからであるが，これでは，**取得原価主義**を歪めることになってしまう。

3. 貨幣・非貨幣法

　貨幣，非貨幣法は，資産および負債項目を貨幣項目と非貨幣項目とに分けて，前者に対しては決算日レートを適用し，後者に対しては取引日レートを適用して，外貨で表示された金額を自国通貨に換算する方法である。

　この方法の提唱者は，**ヘップワース**（Samuel Hepworth）である（『海外活動の報告（Reporting Foreign Operations）』1956 年）。ヘップワースは，貨幣資産および貨幣負債項目に対しては決算日レートを，非貨幣資産および非貨幣負債項目に対しては取引日レートを適用すべきであると主張した。また，棚卸資産に対しては決算日レートを適用することに反対するとともに，長期債権および債務に対しては決算日レートを適用して換算することを主張した。

　貨幣・非貨幣法の論理的根拠は，契約により金額が確定している貨幣項目は貨幣価値変動の影響を受けやすいので，その換算差損益を認識すべきであるというものである。

　しかし貨幣・非貨幣法には次のような批判がある。すなわち，非貨幣項目の中にも取得原価で評価されている項目と時価で評価されている項目があり，非貨幣項目すべてに HR を適用することには不合理性が残るというのである。

　たとえば，棚卸資産に低価法が適用されている場合，その棚卸資産の外貨による数値の属性は時価であるにもかかわらず，棚卸資産が非貨幣資産であるため，この方法では，時価という属性を反映しない HR で換算されることになってしまう。

4．テンポラル法

　1972年，**ローレンセン**（Leonard Lolensen）が会計調査研究叢書第12号（Accounting Research Study No.12）において，テンポラル法という換算方法を提唱した。テンポラル法は，現金，債権および債務，ならびに現在又は将来の価格で記帳されている資産及び負債に対しては決算日レートを適用し，過去の価格で記帳されている資産及び負債に対しては取引日レートを適用して，外貨で表示された金額を自国通貨に換算する方法である。テンポラル法は，このように，資産および負債がいつの時点の価格で記帳されているかによって，それと同じ時点の為替相場が換算レートとして用いられることから，**同時点法**とよばれることもある。また財務諸表において測定される資産及び負債の属性によって，換算レートが選択されるところから，**属性法**とよばれることもある。

　たとえば，非貨幣項目である棚卸資産であっても，決算時の外貨額で測定されている場合には，CRを適用して換算されることになる。社債券の場合も同様であり，取得時の外貨額で測定されている場合にはHRを適用し，**低価法**の適用により，決算時の外貨額で測定されている場合にはCRを適用して換算することになる。

　また，テンポラル法は，**本国主義**の考え方であるといわれることがある。つまり，在外支店や在外子会社の行った現地通貨建ての取引が，あたかも本店や親会社が自ら外貨建で行ったようにみえるからである。たとえば，外国子会社が，100ドルの固定資産を購入して，その時の為替相場が，1ドル＝100円であったとすると，テンポラル法では，基本的には，取得時（発生時の為替相場）で換算するので，100,000円と換算される。もし本国の親会社が，同じように100ドルの固定資産を購入したとすると，やはり，100,000円と記帳されることになり，固定資産に関して，子会社の金額と親会社の金額は一致する。わが国の連結財務諸表は，**親会社概念**を採用しているといわれているので，テンポ

ラル法は，わが国の制度に整合する方法であるように思われる。

　テンポラル法は，優れて論理的な換算方法であるといわれている。これは，換算の目的に合致するためであるように思われる。すなわち，換算とは外国通貨で測定され，表示された財務諸表項目を日本円で測定し，表示し直す手続きをいう。したがって，その目的は，外貨表示された原資料の持つ意味を変えることなく，測定単位を変換することにあるといってよい。テンポラル法は，このような換算の目的によく合致する方法である。

　しかしながら，テンポラル法には大きな欠点がある。為替相場の変動が激しい時に，当期利益（損失）が計上されている外貨表示財務諸表に対してテンポラル法を適用すると，換算後の財務諸表では当期損失（当期利益）が計上されるという「**換算のパラドックス**」が生じることがある。しかし，これに関しては，当期純利益（当期純損失）を換算するということが考えられる。しかし利益は本来差額の概念であり，これを換算するのは，問題があるかもしれない。

　また，**為替差益**を認識することがあり，これは，**未実現利益**ではないかという批判がある。これについては，**為替差損**のみ計上すれば良いという考え方がある。

　また，外貨表示項目のある項目には取引日レートが適用され，ほかの項目には，決算日レートが適用されるため，換算の結果，財務比率が歪められる。

　さらに，棚卸資産を取引日レートで換算する場合，売上高が決算日レートで評価されているのに，売上原価は，取得日レートで換算されることになり，企業の業績を正しく表示しえない。たとえば，外貨が強くなっている場合，決算日レートで換算した売上高（たとえば，1ドル＝100円から，1ドル＝360円に変化した場合の1ドルの売上360円）から取引日レートで換算した売上原価（1ドル＝100円）を控除すると，**架空利益**（260円）を計上することになってしまう。

　また為替相場が有利な時に為替差損を計上するという問題点がある。通常の企業は，テンポラル法の下では，**ショートポジション**（貨幣資産よりも貨幣負債の方が大きいので，現在レートで換算される金額は，負債の方が大きくなる）なので，1ドル

＝100円から1ドル＝360円になって、ドルという外貨が強くなったにもかかわらず、為替差損を計上してしまう。たとえば次のような場合に、為替差損を計上する。

貨幣資産1ドル（100円）貨幣負債2ドル（200円）

貨幣資産1ドル（360円）貨幣負債2ドル（720円）

最後に、次のような問題点もある。現地国で調達した借入資金で固定資産を取得した場合、換算にあたって、前者は、決算日レートが適用され、後者には取引日レートが適用される。しかし資金の借入と資産の取得は一組の経営方針のもとに行われた取引である。したがって、借入金のみを決算日レートで換算し、その為替換算差益または差損を当期の損益に計上するのは不合理であるといえる。

5．決算日レート法

決算日レート法は、財務諸表項目のすべてに対して、決算日レートを適用して、外貨で表示された金額を自国通貨に換算する方法である。

この決算日レート法のひとつの論拠は、次のようなものである。在外子会社は親会社とは別個の独立的な事業単位として運営されている。その在外活動は当該子会社の属する国の通貨によって測定・表示されているので、為替換算会計上もこの事実を重視すべきである。したがって、決算日のレートで一律に換算した方が、この事実をよく反映する。

決算日レート法のもうひとつの論拠は、次のようなものである。親会社の投資は、在外子会社の個々の資産や負債に対するものというよりもむしろ純財産に対するものである。したがって、為替レート変動の影響を直接的に受けるのは、資産や負債の残高ではなく、純財産（純投資額）である。決算日に、この投資額の増減を明らかにするためには、在外子会社の外貨建財務諸表項目を決算日の為替相場で換算することが合理的である。

さらに，決算日レート法は，経済的影響を的確に反映するという利点があり，為替相場が有利な時に為替差益を計上する。通常の企業は，決算日レート法の下では，**ロングポジション**（負債よりも資産の方が大きいので，現在レートで換算される金額は，資産の方が大きくなる）になる。たとえば，次のように，1ドル＝100円から1ドル＝360円になると，為替差益を計上する。

資産2ドル（200円）負債1ドル（100円）

資産2ドル（720円）負債1ドル（360円）

また決算日レート法のさらなる論拠は，なんといっても，簡単であるということである。

一方，決算日レート法の問題点として，**取得原価主義**と矛盾するという点がまずある。決算日レート法による換算手続は，決算日における為替相場をすべての資産および負債の残高に反映させようとするものであり，決算日時点での再評価手続きにほかならない。このことは，取得原価主義と矛盾する。

つまり，決算日レート法は，評価基準と適用される換算レートとの間の時間的首尾一貫性を欠如せしめる。また，換算により，取得原価数値の継続性が破壊されることになってしまう。

決算日レート法の問題点がもうひとつある。それは，決算日レート法の最大の論拠としての在外子会社の独立性と現地主義は，親会社概念に基づく連結財務諸表の作成と矛盾する換算方法であるということである。

例　題

在外子会社等の財務諸表項目の換算を行いなさい。決算日レート法（原則的な方法）で行うこと。

期首のレート（HR）＄1＝￥120，期中平均レート（AR）＄1＝￥110，決算日レート（CR）＄1＝￥100であると仮定する（損益計算書項目は，平均レート（AR）で換算すること）。

在外子会社の財務諸表項目の円換算表

科　目	外貨表示額（$）財務諸表	換　算　率	円表示額（¥）財務諸表
（B/S）			
現　金	4,850	100（CR）	485,000
棚卸資産	1,200	100（CR）	120,000
建　物	1,500	100（CR）	150,000
減価償却累計額	(500)	100（CR）	(50,000)
土　地	1,000	100（CR）	100,000
合　　計	8,050		805,000
買掛金	(2,500)	100（CR）	250,000
長期借入金	(2,000)	100（CR）	200,000
資本金	(3,000)	120（HR）	360,000
為替換算調整			65,500
留保利益	(550)		60,500
合　　計	(8,050)		805,000
（P/L）			
売上高	(2,500)	110（AR）	275,000
売上原価：			
期首棚卸高	1,000	110（AR）	110,000
当期仕入高	1,500	110（AR）	165,000
期末棚卸高	(1,200)	110（AR）	132,000
減価償却費	500	110（AR）	55,000
販売費その他	150	110（AR）	16,500
当期純利益	(550)		60,500

(1) 貸借対照表項目は CR で換算する。ただし，資本金は HR で換算する。
(2) 最初損益計算書で当期純利益（605 円）を求めて，貸借対照表上の留保利益に（605 円）を同じく記入する。
(3) 貸借対照表の貸借差額 655 円は為替換算調整勘定で処理すること。

補足

わが国の外貨換算

　わが国の在外支店の外貨換算は，貨幣項目（通貨，金銭債権・債務など）を除くと，テンポラル法で行われている。すなわち，外貨表示額が取得原価を表す項目は取得時または発生時の為替相場で換算され，外貨表示額が取得原価以外の金額を表す項目は，決算時の為替相場で換算される。もっとも，決算日レート法も特例で認められている（外貨建取引等会計処理基準二）。

　一方，在外子会社の換算に関しては，決算日レート法を採用している。収益費用項目の換算に関しては，バリエーションがあり，たとえば，発生時の為替レート，期中平均レートあるいは，決算時のレートがあるが，わが国では，期中平均レートを原則的に用いることになっており，決算時のレートも例外的に用いることができることになっている。資本項目に関しては，発生時の為替レートが用いられる。利益は差額で算出され，貸借対照表の差額は，**為替換算調整勘定**として，純資産の部に計上される（外貨建取引等会計処理基準三）。為替換算調整勘定を純資産の部に自己資本の独立項目として計上することにより，資産および負債の構成比率等の財務成績および相互関係を保持することができる。かつては（旧基準），為替換算調整勘定は，資産の部または負債の部に計上されていた。

　かつてわが国の在外子会社の換算は，修正テンポラル法を採用していた。**修正テンポラル法**は，テンポラル法に近いが，厳密なテンポラル法ではない。たとえば，短期金銭債権債務には，決算日レート法を採用し，長期の金銭債権債務に関しては，発生時のレートを使用していた。あるいは，当期利益に関しては，決算日レートを使用して換算していた（換算のパラドックスを回避するため）。また換算差額を為替換算調整勘定で処理し，それを資産の部あるいは負債の部に計上し，損益に換算差額を含めない配慮をしていた。

　修正テンポラル法から決算日レート法に変更された理由は，(1)在外子会社等の独立企業体としての性格が強まり，現地通貨による測定値そのものが重視されるようになったことと，(2)在外子会社等の数が著しく増加し，企業の事務負担が重くなったことがあげられる。

練習問題

1. 次の文章が正しいかどうか検討しなさい。
   (1) テンポラル法でも決算日レート法でも，棚卸資産が時価評価されている場合には，CR で換算される。
   (2) 為替換算調整勘定は，資産の部または負債の部に計上される。
   (3) 換算のパラドックスは，決算日レート法を採用するときに生じる。
   (4) 商品は，販売されれば売上原価となるので，費用性資産であるが，機械は，費用性資産ではない。
   (5) テンポラル法のテンポラルとは，英語で「永続的な」という意味の形容詞である。
   (6) テンポラル法を用いれば，為替差益は計上せず，為替差損しか計上しないので，保守的である。
   (7) 棚卸資産に低価法が採用されており，簿価ではなく時価が採用されている場合，貨幣・非貨幣法によれば，CR で換算される。
2. わが国における在外子会社等の外貨表示財務諸表項目の換算方法として，かつ，修正テンポラル法が採用されていたが，現在では，決算日レート法が採用されるようになった。その理由を述べなさい。
3. 決算日レート法の論拠を2つあげなさい。
4. 為替相場が企業に与える経済的影響を的確に反映するのは，テンポラル法と決算日レート法のどちらの方法ですか。
5. 決算日レート法の問題点を2つあげなさい。
6. 決算日レート法を採用した場合に生じる為替換算調整勘定を処理する方法には，資産または負債に計上する方法と，純資産に計上する方法とが考えられるが，この2つの方法を支持する論拠を考えなさい。
7. 在外支店の財務諸表項目の換算を行いなさい（収益・費用は平均レートで換算すること）。

   期首のレート（HR）$1＝¥120，期中平均レート（AR）$1＝¥110，決算日レート（CR）$1＝¥100 であると仮定する。
   期首商品棚卸高は HR で換算し，棚卸資産と期末商品棚卸高は AR で換算する。また，費用性資産の費用価額である減価償却費は，HR で換算する。なお，期首の本店勘定は，HR で換算すること。

8．次の文章の( )に適切な語句を記入しなさい。

　外貨建項目の換算方法はさまざまある。流動・非流動法では，流動資産及び流動負債に対しては，(1)が用いられ，流動項目以外に対しては，(2)が用いられて換算される。貨幣・非貨幣法では，貨幣資産・貨幣負債には，(3)が用いられ，非貨幣資産・非貨幣負債に対しては，(4)が用いられて換算される。テンポラル法では，現在あるいは将来の価格で記帳されている資産及び負債については，(5)が用いられ，過去の価格で記帳されている資産及び負債については，(6)が用いられて換算される。決算日レート法では，財務諸表項目すべてに関して，(7)が用いられて換算される。

　わが国では，在外子会社の外貨表示財務諸表項目に関しては，(8)法が採用されているが，かつては，(9)法が採用されていた。

　テンポラル法には大きな欠点があり，為替相場の変動が激しいときに，当期利益が当期損失になってしまうということがある。この現象は，(10)とよばれることがある。

解答

7.

テンポラル法（原則）

在外支店の財務諸表項目の円換算表

科　目	外貨表示額（F）財務諸表	換算率	円表示額（¥）財務諸表
（B/S）			
現　金	4,850	100（CR）	485,000
棚卸資産	1,200	110（AR）	132,000
建　物	1,500	120（HR）	180,000
減価償却累計額	(500)	120（HR）	60,000
土　地	1,000	120（HR）	120,000
合　計	8,050		857,000
買掛金	(2,500)	100（CR）	250,000
長期借入金	(2,000)	100（CR）	200,000
本　店（期首）	(3,000)	120（HR）	360,000
（損益）	(550)		47,000
合　計	(8,050)		857,000
（P/L）			
売上高	(2,500)	110（AR）	275,000
売上原価：			
期首棚卸高	1,000	120（HR）	120,000
当期仕入高	1,500	110（AR）	165,000
期末棚卸高	(1,200)	110（AR）	132,000
減価償却費	500	120（HR）	60,000
販売費その他	150	110（AR）	16,500
為替差損益			1,500
当期純利益	(550)		47,000

(1) まず，貸借対照表項目を換算して，借方合計と貸方合計の差額から，当期純利益470円を算出する。

(2) 次に，損益計算諸項目を換算して，当期純利益470円を記入し，差額の為替差損益を算出する。この問題では，貸方に残額15円が出るので，為替差益となる。

8．
　　（1）CR　（2）HR　（3）CR　（4）HR　（5）CR　（6）HR　（7）CR
　　（8）決算日レート　（9）修正テンポラル　（10）換算のパラドックス

第9章 リース会計

1．はじめに

　リースは，その経済性や便利さから，これまでのいかなる課題よりも人々の関心をひきつけてきた分野の一つである。

　リース取引とは，特定の物件を所有している**貸し手**（lessor）が**借り手**（lessee）に対して，一定期間それを使用する権利を与え，借り手はその対価として決められたリース料を貸し手に支払う取引をいう。わが国では，このようなリース取引は，その法的形式に従い，賃貸借取引として処理され，リース資産・リース負債の計上がなされない時代が長く続いていた。

　リースのメリットとしては，次のようなものがある。

(1) リースの利用で資金に余裕ができ，効率的な運用ができる。

　自己資金や借入金で資金を調達し，固定資産を調達するよりも，リース料を支払うだけで，固定資産を利用できるリースは資金面の問題を解決する。

(2) リース料を損金に算入することができる。

　減価償却の場合には，残存価額があり，全額損金とすることはできないが，リースの場合，リース料を全額損金に算入することができる。

(3) 陳腐化に弾力的に対応することができる。

　技術進歩が激しい現代の中で，リースを利用することにより，最新の設備を利用することが可能である。

(4) 所有に伴う手間や経費が省ける。

　固定資産を購入すると，減価償却などの事務処理や固定資産税の支払いなどの手間がかかるが，リースを用いれば，その手間が省ける。

(5) オフバランス効果を得ることができる。

　リース資産やリース負債を財務諸表に報告しない資金調達方法を，**オフ・バ**

ランスシート・ファイナンシング（off-balance sheet financing）という。貸借対照表にリース取引を表示しないことにより，**負債比率**などの財務比率が悪化しない。

リース取引は，**未履行契約**（executory contracts）の典型であるといわれる。未履行契約とは，将来一定の支払いを行い，これに対して一定の給付（財貨・用役）を受領することを約束する契約であって，その契約による当事者の約束が未だ履行されていないものをいう。すなわち，契約のみ交わされて，その契約の履行が行われていない契約のことであり，従来の会計慣行では，認識対象とされてこなかった。その根拠として，次の3点があげられる。

(1)履行不確実説

契約に関わる権利・義務は必ずしも履行されるとは限らないので，資産・負債として認識することはできない。

(2)権利義務相殺説

未履行契約から生じる権利・義務は等価であるので，計上しても，純額でゼロになり相殺されてしまう。

(3)認識対象不在説

未履行契約は単なる約束の交換にすぎず，価値の事実上の交換ではない。したがって当事者の資産や持分の変動はなく，会計上の取引ではないので，資産・負債の計上はできない。

このような未履行契約であっても，財務会計概念書第6号によれば，貸借対照表に計上されることになる。(Statements of Financial Accounting Concepts No.6: Elements of Financial Statements)，財務会計概念書第6号は，資産を，過去の取引から生じる，起こりうる将来の便益として，負債を，過去の取引から生じる，起こりうる経済的便益の将来の犠牲として定義している。リース契約は，「発生の可能性の高い将来の経済的便益（あるいは犠牲）」であるため，この定義に

基づけば，未履行であるリース取引でも貸借対照表に計上されることになるのである。

多くの企業がリース取引を行っているわけであるが，リース取引には，問題点も多く，なかでもリース取引を**資本化**（capitalization）すべきか否かに関しては，多くの議論がなされてきた。

企業はリース料を当期の費用として損益計算書に計上するが，貸借対照表にリース資産を計上せず，それにより，得意先や金融機関の信頼性を高めることができる。

一方，資本化処理をすると，貸借対照表に資産とそれに対応する負債が計上されることになり，負債比率の向上や総資産利益率の低下を生ぜしめ，得意先等の利害関係者の信頼性を失うことにもなりかねない。またこの場合には，減価償却費，固定資産税や支払利息といった項目しか損金にならないので，税務上のメリットも低下する。

現在もまだこの論争は続いており，完全な解決には至っていない。その理由はさまざまあるが，リースのメリットとして，上述の**オフバランス効果**があり，産業界はこのメリットを守ろうとし，リース会計基準に反発したり，あるいは基準の抜け穴を探ろうとしたりしてきたことも理由の一つとしてあげられる。

2．リースの会計処理

リース取引には，**ファイナンス・リース**（finance lease）**取引**と**オペレーティング・リース**（operating lease）**取引**がある。ファイナンス・リース取引とは，(1)リース契約の中途解約が契約上または事実上において不可能であり（**解約不能の条件**），かつ(2)リース物件から生じる経済的利益と使用コストが実質的に借り手に帰属する取引（**フルペイアウトの条件**）をいう。これらの条件を満たさないものがオペレーティング・リースとなる。

ファイナンス・リース取引は，さらに**所有権移転ファイナンス・リース取引**

と**所有権移転外ファイナンス・リース取引**とに分かれる。所有権移転ファイナンス・リース取引は，契約期間の途中または終了時に物件の法的所有権が移転する場合，割安購入選択権がついている場合や，ほかの借り手に転用できない場合の取引をいう。所有権移転外ファイナンス・リース取引とは，事実上の所有権は移転しないが，解約不能とフルペイアウトの条件を満たす取引をいう。

これらのファイナンス・リースの場合には，法的には賃貸借契約であるが，経済的実質はお金を借りてリース物件を購入し，借入金の元本と利息を支払っていると見ることができる。したがって，経済的実質を重視すれば，借り手は，通常の売買取引と同様に処理する，すなわち，リース資産の**資本化処理**を行うのが原則である。この方法では借り手は，リース物件を実質的に割賦購入した場合と同様の会計処理を行うことになる。すなわち，借り手はリース物件を貸借対照表にリース資産として計上し，同時に対応する債務をリース負債として計上する。リース資産はリース期間にわたり減価償却を行い，リース負債は元本の返済と金利の支払いとして処理することになる。貸し手であるリース会社はリース物件を資産計上せず，リース債権として資産計上し，受け取るリース料は，リース資産の債権の回収として処理する。

わが国では，所有権移転外リース取引にあっては，かつては，通常の賃貸借取引に準じて会計処理することが認められていたが，現在では認められていない。ただし，所有権移転外ファイナンス・リース取引のうち，一契約のリース料総額が 300 万円以下のリース取引（少額リース資産）及びリース期間が 1 年以内のリース取引（短期リース取引）については，賃貸借処理が認められている。

（数値例）
　当社（借手）は，リース会社と契約し，リース期間 3 年，支払いリース料総額 2,000 円の条件でコピー機械をリースすることにした。リース物件の公正価値は，4,800 円，借り手の追加借入金利子率は 10％，物件の耐用年数は，3 年である。借り手と貸し手の仕訳をしなさい。

(借り手)

当初認識では，リース期間の起算日において，資産の公正価値または最低リース料総額の現在価値のいずれか低い価額で，資産・負債として計上する。

(当初認識)

$$\text{最低リース料総額の現在価値} = \frac{2,000 \text{円}}{(1+0.1)} + \frac{2,000 \text{円}}{(1+0.1)^2} + \frac{2,000 \text{円}}{(1+0.1)^3} = 4,973 \text{円}$$

 リース資産 4,800 リース負債 4,800

(第1回リース料支払日)

 支払利子＝4,800円×10％＝480円

 リース債務 2,000円－480円＝1,520円

  リース債務 1,520 現 金 2,000
  支 払 利 子 480

(リース資産の減価償却)

 4,800円÷3＝1,600円

  減価償却費 1,600 減価償却累計額 1,600

(貸し手)
(当初認識)

  リース債権 4,800 買 掛 金 4,800

(第1回リース料受領日)

  現 金 預 金 2,000 リース債権 1,520
           受 取 利 息 480

3．リースの会計基準とその問題点

 リース利用の会計上のメリットとして，貸借対照表にリース資産・負債を表示しないというオフ・バランスシート効果があげられる。これにより，財務比

率の悪化が防止され，損益計算書上や税務上のメリットを企業は得ることができる。財務比率の中でもとりわけ負債持分比率は重要である。負債持分比率が悪化すると，企業の信用力が低下し，資金調達が困難になる。またアメリカではとりわけ債務不履行にならないように，財務制限条項が課せられており，企業の負債にも一定の制限が課せられている。この財務制限条項に抵触することはできない。

リース会計では資産化するのが原則であるが，しかし資産化することにより，減価償却費の管理などの煩雑な事務作業が増える。

4．アメリカにおけるリース会計基準

財務会計基準書第13号（Statement of Financial Accounting Standards No.13 "Accounting for Lease" 1976）にあっては，所有権に関する便益とリスクの実質的な移転に，資本化の根拠を得ている。具体的には，以下の4つのうち，いずれかに該当する場合には，リース資産を資本化しなければならない。

(1) リース期間終了までにその資産の所有権が賃借人に移転する場合（**所有権移転基準**）。
(2) そのリースに割安購入選択権がある場合（**割安購入選択権基準**）。
(3) リース期間がリース資産の見積経済耐用年数の75％以上である場合。ただし，リース開始日がリース資産の総見積経済的耐用年数の**最後の25％以内である場合を除く**（**経済耐用年数の75％基準**）。
(4) 賃貸人によって支払われる保険料，維持費および税金のような未履行費用（executory costs）に相当する部分を除いた最小リース料のリース期間の開始時における現在価値が，リース資産の公正価値から賃貸人によって留保され利用されると期待される投資税額控除を差し引いた額の90％以上である場合。ただし(3)と同様に，リース開始日がリース資産の総見積経済的耐用年数の最後の25％以内である場合は除く（**公正価値の90％基準**）。

しかしながら，アメリカでは，この財務会計基準書第13号で明示された4つの基準を満たさないように，リース契約を構築することによって，オンバランス化を回避しようとする企業行動がみられる。具体的には次のような行動がみられる。

(1)所有権移転基準に対して－賃借人にリース資産に対する所有権の移転を条件として指定しないことを明示しておく
(2)割安購入選択権基準に対して－リース契約に割安購入選択権を含めない
(3)経済耐用年数の75％基準に対して－リース資産の見積経済耐用年数の75％を超えないようにリース期間を設定しておく
(4)公正価値の90％基準に対して－最小リース料総額の現在価値をリース資産の公正価値の90％を超えないように調整する

上述したような資本化回避行動，たとえば，資本化の判定基準としてリース期間が資産の経済的耐用年数の75％以上であれば資本化しなければならないので，75％未満になるように操作するといったような企業行動には問題がある。

そこで，近年，財産の所有権ではなく，借り手の使用権に着目して，資本化しようとする流れがある（G4＋1の提案：アメリカ，イギリス，カナダ，オーストラリア，ニュージーランドなど5カ国の基準設定期間およびIASCから構成される非公式の組織からの提案，Nailor, Hans and Andrew Lennard, Lease :Implementation of New Approach, IASC, Feburuary, 2000）。オペレーティング・リースを含むすべてのリース取引は，借り手側から見ると，その実質において，経営活動のために有用な物件の使用サービスを購入する取引であるとみなされる。これらに共通する属性はリース契約に基づく使用権の取得である。この使用権は所有権とは明らかに異なるが，将来の経済的便益にアクセスするための価値の高い権利を表すものである。

現行のアメリカの会計基準は，リース取引の便益と危険を考慮する観点から，ファイナンス・リースとオペレーショナル・リースを区別し，前者に限

り，割賦購入資産との同質性を根拠にして，借り手側で「物」として資産計上する。このアプローチの下では，経済的には非常に類似したリースも，ファイナンス・リースかオペレーティング・リースかにより，異なる取り扱いを受ける。またオペレーティング・リースと分類されれば，重要な資産・負債が貸借対照表上認識されない。

一方上記の提案では，概念枠組みにおける資産・負債概念から，オペレーティング・リースを含むすべてのリースに共通の属性である使用権に着目し，借り手側で「使用権」として資産計上するというアプローチがとられている。

国際会計基準の概念フレームワークでは，資産は，企業が支配しており，かつ将来の経済的便益が流入するものとされ，また負債は，経済的便益が企業から流出するものとされる。リース契約により，資産を使用する権利を企業が得れば，その資産を企業は支配し，また経済的便益を得るので，資産の定義に合致するし，またリース料を支払わなければならず，将来の経済的便益が流出するので，負債の定義にも合致することになる。

5．最近の国際的動向

国際会計基準第17号では，上述したアメリカの財務会計基準書第13号の経済耐用年数の75％基準，公正価値の90％基準はない。国際会計基準書第17号は，リース期間が該当する資産の経済耐用年数の大部分を占める場合，あるいは最低リース支払料総額の現在価値が，該当する資産の公正価値と実質的に等しい場合に，そのリースは，ファイナンス・リースに分類され，当該資産がオンバランスされることになっている。アメリカの財務会計基準書が規則主義を採用しているのに対して，国際会計基準が原則主義を採用していることが，このことからもうかがえる。

国際会計基準第17号については，現在，改定作業が進行している。2009年3月にディスカッション・ペーパー「リース：予備的見解」が公表され，

2010年8月にはエクスポージャー・ドラフト「リース」が公表された。これらの公表物では，使用権に着目して，借り手は，リース資産・負債を計上しなければならないとする提案がなされている。この提案によると，これまでオペレーティング・リースとされてきた取引に関しても，オンバランスしなければならないことになる。

練習問題

1．次の文章が正しいかどうか検討しなさい。
   (1) ファイナンス・リース取引の場合の資産の取得原価は，リース料総額とすることができる。
   (2) 法的形式よりも経済的実質を重視する会計における実質優先の原則からすれば，ファイナンス・リース取引は賃貸借取引としてではなく売買取引として処理しなければならない。
   (3) リース資産を貸す側が購入した金額がわからない場合には，借手がその資産の見積もり現金購入価額を計算する必要性があるが，リース料総額の割引現在価値と比較し，どちらか多い金額としなければならない。
   (4) ファイナンス・リース取引の場合，借り手の会計処理は，リース資産を資産として計上すると同時に，リース料総額の負債の計上も行わなければならない。
   (5) 所有権移転外リース取引にあっては，わが国では，現在のところ，借り手は，貸借対照表にリース資産を計上する必要性はない。
2．下記の顧客がリース取引を選択する理由について（野村嘉浩「投資家からみたリース会計基準のあり方」『企業会計』Vol.58 No.12，2006年12月），顧客自身が重要であると考える順番を予想して並べなさい。
   (1) 事務管理の省力化・コスト削減
   (2) リース料を経費処理できる
   (3) 多額の初期費用が不要
   (4) 陳腐化に弾力的に対応可能
   (5) 廃棄物処理が不要
   (6) リース調達が一般的
   (7) バランスシートに資産表示が不要

(8)迅速な契約手続き
3．ある企業の会計担当者が，企業の財務諸表に負債を計上することなく，お金を借りる方法はないかとたずねられました。この会計担当者の答えを想像して答えなさい。
4．資産とは，企業が所有権を有しているものにほかならない。リース資産の所有権を有しているのはリース会社であり，リース会社が自己の貸借対照表にリース資産を計上すべきである。この文章に対するあなたの見解を述べなさい。
5．ある企業の経理担当者が，会議において，「資産を購入ではなく，リースという方法で取得して，その取得した資産をオフバランスすれば，財務状態がよく見えるので，リースを利用すべきである。」と発言した。これについて，投資家・債権者の立場から批判しなさい。
6．アメリカ企業の資本化回避行動に関して，あなたの見解を述べなさい。
7．航空機を購入して，これを法定耐用年数よりも長い期間でリースし，その航空機を定率法で償却する。すると，リース後数年間は，リース料収入よりも償却費の方が多くなる。実は，かつて航空機とは何ら関係のない企業が共同の投資家として航空機の所有者となり，このような実務を行っていたが，なぜこのようなことが行われたのだろうか。
8．次の文章の（　　）に適切な語句を記入しなさい。

　　リース取引のうち，契約の中途解約ができず，借り手が，経済的便益を享受し，かつコストを実質的に負担するものを（　1　）取引という。この種のリース取引の場合，所有権は借り手にはないが，実質的な所有者は借り手なので，借り手の財務諸表にそのリース資産を計上することになる。このように，リース資産を資産に計上することを（　2　）とよぶことがある。これは，法的形式よりも，（　3　）を優先した会計処理であるといえる。
　　またこれ以外のリース取引を（　4　）取引という。この取引の場合には，（　5　）を重視して，通常の賃貸借取引に準じる会計処理が行われる。
　　リースを資産やリース負債を財務諸表に計上しないことを（　6　）とよぶ。この方法をとることにより，（　7　）が悪化しないというメリットを企業は享受することができる。
9．当社（借手）は，リース会社と契約し，リース期間3年，支払いリース料総額4,000円の条件でコピー機械をリースすることにした。リース物件の公正価値は，9,600円，借り手の追加借入金利子率は10％，物件の耐用年数は，3年である。借り手と貸し手の仕訳をしなさい。

解 答

8.
(1) ファイナンス・リース (2) 資本化 (3) 経済的実質 (4) オペレーショナル・リース (5) 法的形式 (6) オフバランスシート・ファイナンシング (7) 財務比率

9.
（借り手）
（当初認識）

最低リース料総額の現在価値 $= \dfrac{4,000 \text{ 円}}{(1+0.1)} + \dfrac{4,000 \text{ 円}}{(1+0.1)^2} + \dfrac{4,000 \text{ 円}}{(1+0.1)^3} = 9,947 \text{ 円}$

  リース資産　9,600　　リース負債　9,600

（第1回リース料支払日）
　支払利子＝9,600円×10％＝960円
　リース債務　4,000円－960円＝3,040円
  リース債務　3,040　　現　　金　4,000
  支 払 利 子　　960
（リース資産の減価償却）
　9,600円÷3＝3,200円
  減価償却費　3,200　　減価償却累計額　3,200

（貸し手）
（当初認識）
  リース債権　9,600　　買 掛 金　9,600

（第1回リース料受領日）
  現 金 預 金　4,000　　リース債権　3,040
         受 取 利 息　　960

第10章 減損会計

1. はじめに

　固定資産の**減損会計**とは，固定資産の収益性の悪化によって投資額が回収できなくなった部分，すなわち固定資産の価値の低下した部分を，固定資産の帳簿価額から引き下げ，損失を計上する会計をいう。減損会計は，あくまで**取得原価主義会計**の枠内で行われる会計であって，時価会計とは異なる。また，固定資産の帳簿価額を減額する会計処理として**臨時償却**があるが，これは，資産の収益性の低下を帳簿価額に反映することを目的とする会計処理ではない。したがって，減損会計は臨時償却とも異なっている。

　減損会計は，従来の財務諸表の問題点を解決する手段として導入された。従来の財務諸表は，いわば純粋な取得原価主義会計に基づいており，資産・負債の貸借対照表価額は，過去の取得価額の累積額にすぎず，期末時点における企業の財務内容を適切に表示するものではなく，投資家等の信頼性があるものであるとは言い難かった。このような問題点を解決すべく，時価会計と並んで減損会計が導入されることになった。

2. 減損の会計処理

　まず**減損の兆候**があるかどうかが検討される。減損の兆候とは資産（資産グループを含む）の帳簿価額の一部または全部について，回収が不可能とされる事象が発生している場合のことを指す。赤字事業に使用されている資産，遊休状態にある資産，著しく時価が下がり含み損を抱えている資産などが減損の兆候ありとみなされる。

　次に**減損損失の認識**が行われる。減損損失の認識は，資産が生み出す**割引前**

将来キャッシュ・フローとその資産の帳簿価額との比較により行われ，割引前将来キャッシュ・フローの総額が帳簿価額を下まわったときに，減損の認識が必要になる。

　さらに，**減損損失の測定**が行われる。計上すべき減損損失は，帳簿価額と**回収可能価額**との差額となる。回収可能価額は，資産を使用することによって得られる，将来キャッシュ・フローの割引後の価値である**使用価値**と，その資産を時価で売却したとする場合に得られる価額である**正味売却価額**を比較し，そのうち多い金額となる（固定資産の減損に係る会計基準注解・注1）。企業が保有する資産についての投資回収は，使用するか売却するか，そのどちらかであり，価値の多い方を企業は選択するとの考え方から，回収可能価額は，使用価値と正味売却価額と比較して，いずれか多い金額とされているのである（企業経営者は，もし使用価値が正味売却価額を上回っていれば，資産を使用し続けるし，逆であれば売却したほうがいいと判断すると考えられる）。簿価から回収可能価額を控除して計算された減損損失は，特別損失として計上する。

　減損の対象となる資産は，土地，建物，機械装置，借地権，のれんであり，見積もり期間は，資産の経済的残存使用年数と20年の短い方である（固定資産の減損に係る会計基準二・2）。減損損失の戻し入れは，わが国では行われないことになっている。これは，減損が相当確実な場合に計上されるためと，また事務負担が増大するためであるといわれている。

(減損損失測定の計算例)

(固定資産の帳簿価額 1,500 千円であり,経済的残存使用年数 5 年,割引率が 10％とする。この固定資産を時価で売却したとする場合に得られる価額である,正味売却価額は,400 千円であるとする。)

(単位：千円)

項　目	1年後	2年後	3年後	4年後	5年後	計
営業利益（A）	150	135	105	75	60	525
減価償却費（B）	60	60	60	60	60	300
資産使用後の処分によるCF（C）					45	
割引前将来CF（D＝A＋B＋C）	210	195	165	135	165	870
$\dfrac{1}{(1+割引率)^n}$〔n：経過年数〕（E）	0.9090	0.8264	0.7513	0.6830	0.6029	
使用価値（D×E）	190	160	124	91	102	667

出所：白石健治「第18章　減損会計」（平松一夫編『財務諸表論』東京経済情報出版，2006年，228頁）を参考に作成。

＊回収可能価額とは，資産等の正味売却価額と使用価値のいずれか高い方の金額
＊正味売却価額＝売却時価－処分費用見込額
＊使用価値＝資産等の継続的使用と使用後の処分によって生ずると見込まれる将来キャッシュ・フローの現在価値

　割引前将来キャッシュ・フロー 870 千円＜帳簿価額 1,500 千円であるため，減損損失を認識する。

　回収可能価額は，正味売却価額 400 千円＜使用価値 667 千円なので，使用価値の 667 千円となる。

　したがって，減損損失額＝帳簿価額 1,500 千円－使用価値 667 千円＝ 833 千円となる。

3．アメリカと日本の減損会計

　減損会計は，資産の簿価が，その資産に期待される将来の経済的便益の額を超えていないことを把握し，将来の経済的便益の喪失を適時に認識するというメリットがある。減価償却は，固定資産の取得価額を耐用年数の間に規則的に配分する手続きであり，臨時償却は，減価償却累計額の修正である。これに対して減損は，投資期間全体を通じた投資額の回収可能性を評価して，投資額に対する回収可能性が見込めなくなった時点で将来に損失を繰り越さないために帳簿価額を減額する会計処理であり，単なる減価償却の修正ではなく，資産が将来生み出す価値の評価に重点を置いている。そのため，投資家の意思決定により有用な会計情報を提供する。

　減損会計導入の背景は，アメリカと日本とで異なっている。アメリカの場合には，**ビッグ・バス（big bath）問題**の発生がある。ビッグ・バスとは，経営陣の交代を契機に今までの企業の垢を洗い流すために，資産価値を大幅に引き下げ，損失を計上する実務を指す。その後，新しい経営陣になった時点で利益を計上し，あたかも企業の業績が向上したような印象を投資家等に与えることができる。このような必要以上に投資家等に好印象を与える結果になることを防ぐために，資産簿価の切り下げについて，一定の歯止めをかける必要があり，減損会計が導入されている。日本の場合には，国際会計基準に対する対応がその背景にあるが，もうひとつの背景として，不動産の損失の繰り延べを表面化することがある。わが国では，不動産に生じている損失を明らかにすることにより，財務諸表の信頼性の確保および投資家に対する有用な情報の提供の観点から，減損会計を導入すべきということになった。このように背景は異なるが，投資家をミスリードしないためには，減損会計の導入は不可欠であるとされ，導入されている。

　減損の認識は，アメリカも日本も，割引前キャッシュ・フローと資産の帳簿

価額が比較され，割引前キャッシュ・フローの総額が資産の帳簿価額を下回った場合に，認識される。

　減損損失の測定は，日本では回収可能価額（正味売却価額と割引後将来キャッシュ・フローを比較して大きい方）と帳簿価額との比較が行われ，回収可能価額が帳簿価額を下回った場合に，減損損失が認識される。アメリカでは公正価値（市場価値）と帳簿価額との比較が行われ，公正価値が帳簿価額を下回った場合に，減損損失が認識される。

　わが国の場合，国際会計基準第36号（IAS No.36,Impairment of Assets,IASC,1998）と同様，簿価の切り下げは使用価値までであって，企業が継続して使用することを予定している資産については，通常，使用価値の方が公正価値（市場価値，市場価値が把握できない資産は，その資産から得られるキャッシュ・フローを現在価値に割り引いた価額）よりも高い金額になることを考慮すると，アメリカよりも減損の計上額は少ない。

　またわが国では簿価修正と評価損を計上する頻度は少なく，さらには，減損の戻し入れをしない。わが国において，減損の戻し入れをしない理由は，減損損失の認識と測定が減損の存在が相当程度確実な場合に限って行われたものであることと，戻し入れをする場合，将来キャッシュ・フローを再度測定するなどの事務負担が増加するためであるといわれている。

　アメリカも，わが国と同様，減損の戻し入れを行わないが，これに対し，国際会計基準第36号では，のれん以外の資産について，戻し入れを行うことになっている。

4．減損会計の問題点

　国際会計基準第36号では，評価損を識別する尺度と測定する尺度が同一であり，首尾一貫性がある。すなわち，資産の簿価が回収可能価額（資産の正味売却価額と割引いた使用価値のいずれか低い方）を下回ったとき，減損を認識し，これ

らの差額を減損損失とする。また減損を認識する際，使用価値について割り引くので，減損を積極的に認識することになり，会計上の**保守主義**と合致する。

しかし，わが国の会計基準（固定資産の減損に関する会計基準）とアメリカの財務会計基準書第144号（FAS No.144,Accounting for the Impairment or Disposal of Lon-glived Assets, FASB, 2001）は，評価損を識別する尺度と測定する尺度が異なり，首尾一貫性がない。日本とアメリカでは，減損損失の認識は，割引前キャッシュ・フローが資産の帳簿価額を下回ったときに行われることになる。一方，減損損失の測定は，日本では回収可能価額（正味売却価額と割引後将来キャッシュ・フローを比較して大きい方）と帳簿価額との比較が行われ，アメリカでは公正価値（市場価値）と帳簿価額との比較が行われる。

また，アメリカと日本では，評価損を識別する際，割引前キャッシュ・フローを使用するため，減損を認識することが少なく，これは**保守主義**に反する。

さらにアメリカの減損会計は，利益を多く生み出すものとなっている。すなわち，アメリカの減損会計の場合，資産の公正価値（時価）まで引き下げられた金額が，その資産の新しい原価となるため，損失を先に認識し，後で減価償却費を少なく計上することになり，利益が増加する。減損会計は本来，投資期間全体を通じた投資額の回収可能性を評価し，投資額に対する回収可能性が見込めなくなった時点で将来に損失を繰り越さないために帳簿価額を減額する会計処理であることを考えると，切り下げる必要のある簿価は投資価額のうち，回収可能性の損なわれた部分であって，あえて市場価値（公正価値）まで引き下げる必要はないと考えられる。

したがって，アメリカの公正価値まで引き下げる減損会計には問題があるといわざるを得ない。

減損会計の適用は，個々の資産ごとに行われるのではなく，通常はグルーピングが行われる。このグルーピングされた資産のことを資金生成単位という。固定資産を事業の用に供する場合，その固定資産が独立してキャッシュを生む

ことはまれである。たとえば工場などの場合，土地，建物及び機械装置など，複数の資産が結びついてキャッシュを生む。実際的には，管理会計上の区分や投資の意思決定（資産の処分や事業の廃止に関する意思決定など）を行う際の単位等を考慮してグルーピングの方法を定めることになる。このグルーピングに関しては，**共用資産**の問題がある。共用資産とは，複数の資産グループのキャッシュ・フロー生成に関して間接的に寄与している資産をいう。たとえば，管理部門が入っているビル，研究開発施設，社員を対象とした社宅・保養所等の福利厚生施設などが共用資産に該当する。共用資産は，キャッシュ・フローを生まないので，使用価値の上昇には貢献しない。したがって，資産グループを作ると，帳簿価額より使用価値のキャッシュ・フローは小さくなり，減損を計上しなければならない可能性が高くなる。

　減損会計導入に伴い，企業行動に変化がみられる。会計は中立的であるのが理想であるが，減損会計の導入が，明らかに企業行動に影響を与えている。本業が不調な企業は，もともとの赤字に加えて，減損を計上しなければならず，財務諸表の内容がさらに悪化している。したがって，収益性の高い事業に固定資産を転用したり，資産の用途を転換したりする企業も出てきているし，あるいは，資産を売却したり，賃貸する企業も出てきている。逆に本業が好調な企業は，好調なうちに減損を計上して，翌期の減価償却負担を軽減し，営業損益の向上を図る企業も出てきている。

例　題

当社の資金生成単位は，以下のものからなり，減損の兆候ありと判断され，減損損失を計上する。以下の資金生成単位の公正価値は，600千円，売却費用50千円，使用価値が500千円である。減損損失の金額と減損損失認識後の各資産の種類別の帳簿価額を計算しなさい。

　　帳簿価額　建物500千円　機械200千円　のれん100千円

解 答

売却費用控除後の公正価値　600 千円－50 千円＝550 千円＞使用価値 500 千円
∴回収可能価額　550 千円
減損損失額＝500 千円＋200 千円＋100 千円－550 千円＝250 千円

まず，のれんの減額を行い，残りを各資産に簿価により比例配分する。
のれん　100 千円－100 千円＝0
建物 600 千円－（250 千円－100 千円）×600 千円／（600 千円＋200 千円）＝487.5 千円
機械 200 千円－（250 千円－100 千円）×200 千円／（600 千円＋200 千円）＝162.5 千円

練習問題

1．次の文章が正しいかどうか検討しなさい。
   (1) 減損会計と臨時償却は異なる。
   (2) ビッグ・バスとは当期の利益を増やすために粉飾決算することである。
   (3) 減損の認識は，割引後将来キャッシュ・フローと帳簿価額との比較により行われ，割引後将来キャッシュ・フローの総額が帳簿価額を下まわったときに，減損の認識が必要になる。
   (4) 共用資産は通常キャッシュ・フローを生まない。
   (5) のれんについては，国際会計基準第 36 号においても，わが国と同様，減損の戻し入れをしない。
2．次の場合における減損損失に関する仕訳をしなさい。
   (1) A 資産の帳簿価額 6,000,000 円，割引前将来キャッシュ・フローの総額が 5,700,000 円，正味売却価額が 4,000,000 円で，使用価値が 4,700,000 円。
   (2) A 資産（帳簿価額 6,000,000 円），B 資産（帳簿価額 5,000,000 円），C 資産（帳簿価額 4,000,000 円）から構成される資産グループがある。この資産の割引前将来キャッシュ・フローの総額は 10,000,000 円であり，正味売却価額は 8,400,000 円であり，使用価値は，7,900,000 円である。
3．アメリカと日本の減損会計導入の背景の違いについて述べなさい。
4．減損会計と減価償却の違いを述べなさい。
5．減損会計は将来キャッシュ・フローを見積もるが，これについて問題点を指摘しなさ

い。
6. 減損会計適用による経済的影響を述べなさい。
7. ビッグ・バスという会計実務の是非について論じなさい。
8. 減損会計について，その適用の延期を求めて政治的圧力が加えられるという問題が生じたが，このような問題を回避するのに，概念フレームワークが役立つという議論がある。その理由を考えなさい。
9. 次の文章の（　）に適切な語句を記入しなさい。

　　減損会計は，固定資産の（　1　）や（　2　）と同様に，固定資産の帳簿価額を減額する会計である。しかし資産の収益性の低下を認識する会計である点で，固定資産の（　3　）や（　4　）と異なっている。

　　減損の会計処理であるが，まず減損の兆候があるかどうかが検討される。赤字事業に使用されている資産，（　5　）状態にある資産，著しく時価が下がり含み損を抱えている資産などが，減損の兆候ありとみなされる。次に，減損損失の認識が行われる。当該資産の（　6　）将来キャッシュ・フローがその資産の帳簿価額よりも下回っている場合に，減損の認識が必要になる。続いて，減損損失の測定が行われる。資産の帳簿価額と回収可能価額との差額が減損損失となる。この場合の回収可能価額であるが，将来キャッシュ・フローの（　7　）の価値である使用価値とその資産を（　8　）で売却した場合に得られる価額である正味売却価額のうち，いずれか（　9　）金額とされている。アメリカは日本と比べて減損損失の計上額が多いといわれている。それは，アメリカの場合，資産の（　10　）まで簿価を引き下げるためであるといわれる。資産の簿価を引き下げると，その後（　11　）の計上が少なくなり，（　12　）が増加し，企業の業績をよくみせることができる。アメリカでは，このような減損会計の効果を狙った（　13　）が問題となっている。

10. 当社の資金生成単位は，以下のものからなり，減損の兆候ありと判断され，減損損失を計上する。以下の資金生成単位の公正価値は，600千円，売却費用100千円，使用価値が400千円である。減損損失の金額と減損損失認識後の各資産の種類別の帳簿価額を計算しなさい。

　　帳簿価額　建物600千円　機械400千円　のれん200千円

解答

2.

(1) 割引前キャッシュ・フロー5,700,000円＜A資産の帳簿価額6,000,000円なので，減損損失を認識する。

回収可能価額は，正味売却価額4,000,000円＜使用価値4,700,000円なので，使用価値の4,700,000円となる。したがって，減損損失＝6,000,000－4,700,000＝1,300,000円となる。

(2) 割引前キャッシュ・フロー10,000,000円＜資産グループの帳簿価額6,000,000円＋5,000,000円＋4,000,000円＝15,000,000円なので，減損損失を認識する。

回収可能価額は，正味売却価額8,400,000円＞使用価値7,900,000円なので，正味売却価額の8,400,000円となる。したがって，減損損失＝15,000,000－8,400,000円＝6,600,000円となる。

9.

(1) 減価償却　(2) 臨時償却　(3) 減損償却　(4) 臨時償却　(5) 遊休　(6) 割引前　(7) 割引後　(8) 時価　(9) 多い　(10) 公正価値　(11) 減価償却費　(12) 利益　(13) ビッグ・バス

10.

売却費用控除後の公正価値　600千円－100千円＝500千円＞使用価値400千円

∴回収可能価額　500千円

減損損失額＝600千円＋400千円＋200千円－500千円＝700千円

まず，のれんの減額を行い，残りを各資産に簿価により比例配分する。

のれん　200千円－200千円＝0

建物600千円－（700千円－200千円）×600千円／（600千円＋400千円）＝300千円

機械400千円－（700千円－200千円）×400千円／（600千円＋400千円）＝200千円

第11章 引当金と退職給付引当金

1. はじめに

　引当金は負債であって、**発生主義**の原則に従い、当期に属する費用又は損失を見積もり計上したものである。企業会計原則によれば（注解18）、引当金とは、将来の特定の費用又は損失であって、その発生が当期以前の事象に起因し、発生の可能性が高く、かつ、その金額を合理的に見積もることができる場合に、当期の負担に属する金額を当期の費用又は損失として見積もり計上したものをいう。

　引当金は、**未払費用**とは異なる。未払費用は、一定の契約に基づき継続的に役務の提供を受けるという事実に着目して計上されるが、引当金は契約の有無にかかわらず、将来行われる修繕や退職給付などの多様な経済事象に着目して計上される。また未払費用は、計算に見積もりの介入する余地はないが、引当金は、見積もりが求められる。加えて、引当金は、将来における特定の支出又は損失の発生が高い場合に計上されるものであり、将来において支出又は損失が発生するとは限らない**偶発債務**とも異なる。

　引当金は、資産の部に記載される**評価性引当金**と負債の部に記載される**負債性引当金**に大別される。評価性引当金には貸倒引当金があり、負債性引当金には、売上割戻引当金、修繕引当金、そして本章で主として取り扱われる**退職給付引当金**などがある。

　その他、利益留保性の準備金がある。租税特別措置法に規定された海外投資等損失準備金や特別の法令のもとに規定された渇水準備引当金（電気事業法36条）、金融商品取引責任準備金（金融商品取引法46条の5）、責任準備金（保険業法116条）などが、利益留保性の準備金である。これらの準備金は、注解18の要件を満たさないことが多いため、利益留保性の準備金であるといわれている。

2．引当金

　わが国の企業会計原則注解18には，引当金の要件として，以下の4つが掲げられている。
（a）将来の特定の費用又は損失であること
（b）その費用・損失の発生が，当期またはそれ以前の事象に起因していること
（c）その費用・損失の発生の可能性が高いこと
（d）その金額を合理的に見積もることができること

　たとえば，貸倒引当金について考えてみると，(a) 貸倒引当金は，売掛金や受取手形といった債権が貸し倒れて発生する将来の費用又は損失であり，(b) 商品をすでに販売したという事象に起因しており (C) 貸倒れという費用・損失の発生が高く，(d) 過去の経験から金額が合理的に見積もれるため，引当金として計上することができることになる。

　これに対して，国際会計基準第37号では，引当金の要件として，次の3つが掲げられている。
（a）企業が過去の事象の結果として現在の債務（法的または推定的）を有していること
（b）当該債務を決済するために経済的便益を持つ資源の流出が必要となる可能性が高いこと（probable ＝ more likely than not）
（c）当該債務の金額について信頼性のある見積もりができること
ここにおける可能性が高いとは，事象がおこらない確率よりも高い場合をいう。すなわち，確率50％超の場合をいう。

　ここにいう法的債務とは，①契約，②法律の制定，③法律その他の運用から発生した債務をいう。また推定的債務とは，①確立されている過去の実務慣行，公表されている方針又は極めて明確な最近の文書によって企業が外部者に

対しある責務を受託することを表明しており，②その結果，企業はこれらの責務を果たすであろう，という妥当な期待を，外部者の側に惹起させる債務をいう。

企業会計原則が引当金の認識要件として現在の債務であることに言及していないのに対し，国際会計基準第37号は，現在の債務（法的または推定的債務）であることを求めている。したがって，修繕引当金は，国際会計基準によれば，引当金に該当しない。

また，国際会計基準では，次に示すように，特別なケースの定めがある。

①将来の営業損失

将来の営業損失については，引当金を計上してはならない。将来の営業損失が見込まれるということは，ある資産が減損しているかもしれないということを意味し，企業は，国際会計基準第36号「資産の減損」に基づいて，資産の減損について検査する必要がある。

②不利な契約

企業が不利な契約を有しているならば，その契約による現在の債務を引当金として測定し，認識しなければならない。

③リストラクチャリング

リストラに関連する費用については，一定の推定的債務の条件を満たす場合に，引当金を計上する。

例　題

(1) ある企業が購入後6ヶ月以内に明らかになった製造上の欠陥の修理費用を顧客に補償して製品を販売している。小さな欠陥が発見された場合には，修理費用は，1,000,000円かかるとされ，また，大きな欠陥が発見された場合には，修理費用は，4,000,000円かかるとされている。企業の過去の経験や将来の予想から，今後販売した製品の75％については欠陥

は発生しないと予想され，20％については小さな欠陥が予想され，5％に重大な欠陥が予想される。このとき当社が期末に行う製品補償引当金の仕訳を行いなさい。

解答

（0万円×75％）＋（1,000,000円×20％）＋（4,000,000円×5％）＝400,000円
　　製品保証費　　400,000　　　製品保証引当金　　400,000

（2）ある企業が20×1年に販売した製品の欠陥により，顧客から訴えられ，当社が責任ありとされる可能性が高く，20×3年に支払い義務が生じる可能性が高い。賠償金額は，4,000,000円であり，現在価値を算定するための割引率は，5％であると見積もられた。当社が20×1年度に当社が行うべき，損害補償損失引当金に関する仕訳を行いなさい。

解答

$4,000,000 円 ÷ (1 + 0.05)^2 = 3,628,117$
　　損害補償損失　　3,628,117　　　損害補償損失引当金　　3,628,117

3．退職給付引当金

退職給付とは，従業員が一定期間勤続したこと等の事実に基づいて，退職後に支給される給付をいい，**退職一時金**と**退職年金**がその代表例としてあげられる。企業会計では，従来は退職一時金と退職年金を別個のものとして扱ってきており，一時金に対しては，社内に引当金を計上し，年金に対しては適格退職年金や厚生年金基金といった外部に年金ファンドを積み立てていく方式で対応してきた。

新しい退職給付の会計は，これらの制度を一括して扱う方法が採用されている。社内で会計的に引き当てようが，外部に実際のキャッシュを積み立てようが，企業が負担する従業員への退職給付という点では変わりないので，会社の

退職債務を統一して取り扱おうという意図が、退職給付の新会計制度にあるといってよい。

　退職給付の会計基準は、わが国でこれまで採用されてきた退職給与引当金及び年金費用の会計処理とはまったく異なる処理を要求するものであり、国際会計基準とアメリカの会計基準に類似したものになっている。端的にいえば、退職給付債務の金額から、外部に積み立てられている**年金資産**を控除して、その残額を貸借対照表の負債に計上していくことになるのである。

　従来の退職給与引当金の場合にあっては、退職金の算定方法として、法人税法上は、期末要支給額の40％を損金として認める方法が採用されていたため、従来企業はこの方法を採用してきた。一方、年金に関しては、税法の規定があるのみで、会計基準は存在せず、企業は年金資産の拠出額を年金費用として計上していたが、貸借対照表上には計上されていなかった。

(1)退職給付債務の測定
①退職時に見込まれる退職給付の総額の見積もり

　まず将来の昇給等を織り込んで見積もった退職給付債務を**予測給付債務**（Projected Benefit Obligation：PBO）とよび、将来の昇給等を含まない、当期末までの勤務に基づいて計算された退職給付債務を**累積給付債務**（Accumulated Benefit Obligation：ABO）とよぶが、国際会計基準第19号（IAS No.19,Employee Benefits, IASC,1998）でもアメリカの財務会計基準書第87号（SFAS No.87, Employer's Accounting for Pensions,FASB,1985）でも、前者すなわち、予測給付債務が採用されている。

　退職給付債務（PBO）の計算方法（保険数理的評価方式）には、大別して、**予測給付評価方式**と**発生給付評価方式**とがある。

　予測給付評価方式は、将来支給見込額の支給見込時点から現時点までの割引現在価値を算定して、これを同じ期間で按分した金額が掛金になる。

　年金の計算は収支相当の原則に基づく長期の財政計算であるが、企業会計の

観点からすると，すでに従業員から労働サービスの提供を受けた部分は費用として認識し，これに対する対価の支払いがなされていない部分については負債として認識する必要がある。過去ないし現在の労働サービスの対価部分と将来の労働サービスの対価部分が混在している掛金を企業会計の費用として扱うことはできない。そこで退職給付会計基準では退職給付にかかる費用を計算するにあたり掛金計算のための予測給付評価方式は採用されていない。

発生主義に合致した考え方は，発生給付評価方式（予測単位積増方式）である。すなわち，退職給付見込額のうち当期末までに発生していると認められる部分の割引現在価値が退職給付債務となり，当期に発生したと認められる部分の割引現在価値が退職給付費用となる。

$$\begin{cases} 予測給付債務（PBO） \\ 累積給付債務（ABO） \end{cases} \quad \begin{cases} 予測給付評価方式 \\ 発生給付評価方式 \end{cases}$$

②当期末までに発生したとみなされる退職給付債務額の見積もり

労働の対価として退職給付が発生するため，勤務期間を基準とする方法が採用されている。

期末までに発生したとみなされる給付債務の額＝退職給付見込額の総額×期末時点までの勤務年数／退職時までの全勤務年数

③現在価値への割引

割引率として安全性の高い長期債権（長期の国債等）の利回りを用いて現在価値に割り引く。

④年金負債の測定

退職給付債務額がそのまま年金負債になるわけではない。その理由として，「**未認識過去勤務債務**」と「**未認識数理計算上の差異**」がある。ここにおける

過去勤務債務とは，退職給付の給与水準の改定等によって発生する，これまでの給与水準に基づく計算額との差額のことをいう。また数理計算上の差異とは，年金費用の計算に用いる割引利子率や期待運用収益率の見積もり数値と実績の差異により発生する差額のことをいう。

　過去勤務債務と数理計算上の差異は，それらが発生した期に費用計上することも考えられるが，一定期間にわたり費用計上されるのが一般的である。これは，過去勤務債務の発生原因である給与水準の改定（退職金規定の改定により，給与水準が上昇する）が従業員の将来にわたる勤労意欲の向上を期待して行われる面があるから，そのような将来便益との対応を図るため，過去勤務債務の費用を将来にわたって費用処理するという意図があるためである。また，数理計算上の差異には関しては，長期的性格の誤差だから，平準化して調整すべきであると考えられるからである。

　結局のところ，退職給付債務の発生額の一部を年金負債として認識せずにオフバランスしたまま，一部ずつ償却していくことになるが，このことを**退職給付債務の遅延認識**（deferred recognition）とよんでいる。

　退職給付債務がそのまま年金負債とならないもうひとつの理由は，退職給付に充てるために積み立てられている年金資産の公正価値額と退職給付債務を相殺するからである。年金資産は企業が拠出した資金であり，信託銀行や生命保険会社にその運用が委託される。そしてその資金は，株式や債券などの金融証券で運用され，その運用しだいで年金資産はその金額が増減する。

　年金基金の会計は，母体企業の会計と区別されており，拠出された年金資産は，年金の支払い以外に利用することはできない。退職給付にかかる会計基準においても，退職給付の支払いのためにのみ使用されることが制度的に担保されている年金資産を一般の資産と同様に企業の貸借対照表に計上することには問題がある。そこで，母体企業の貸借対照表では退職給付債務から年金資産が控除されている。

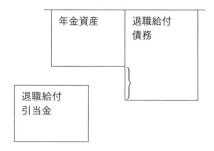

(2)退職給付費用の測定

退職給付費用は，退職給付の増加額である**「勤務費用」**と退職給付債務の**「利息費用」**と未認識過去勤務債務と未認識数理計算上の差異の当期償却額を加えて，年金資産の期待運用収益を差し引いて計算される。勤務費用は，退職給付見込額のうち，当期において発生したと認められる金額を残存勤務期間と割引率を基礎として，期末時点の現在価値に割引計算して求められる。具体的には，退職給付見込額の当期対応分を（1＋割引率）の残存勤務期間分だけ累乗した係数で割り算することによって算定される。利息費用は，期首退職給付債務残高に割引率を掛けたものとして算定される。

例 題

労働協約の勤務期間が5年であり，退職時の退職給付見込額が，500,000円の従業員がいる。退職給付債務の計算に当たっては，退職給付は勤務期間に比例して発生するものとし，また割引率は5％である。×1年度から×4年度における，この従業員の退職給付費用を計算しなさい。

(1) ×1年度

勤務費用 $500,000 円 \div 5 年 \div (1+0.05)^4 = 82,270 円$

退職給付費用は，82,270円となる。

(2) ×2年度

勤務費用 $500,000 円 \div 5 年 \div (1+0.05)^3 = 86,384 円$

利息費用 82,270 円 × 0.05 = 4,114 円

退職給付費用は，勤務費用と利息費用の合計額 90,498 円となる。

(3) × 3 年度

勤務費用 500,000 円 ÷ 5 ÷ $(1+0.05)^2$ = 90,702 円

利息費用（82,270 円 + 86,384 円 + 4,114 円）× 0.05 = 8,638 円

退職給付費用は，勤務費用と利息費用の合計額 99,340 円となる。

(4) × 4 年度

勤務費用 500,000 円 ÷ 5 年 ÷ (1 + 0.05) = 95,238 円

利息費用（82,270 円 + 86,384 円 + 4,114 円 + 90,702 円 + 8,638 円）× 0.05 = 13,605 円

退職給付費用は，勤務費用と利息費用の合計額 108,843 円となる。

　当期償却額（未認識過去勤務債務と未認識数理計算上の差異）とは，一定の年数で徐々に費用化される，いわゆる遅延認識された費用である。既述したように，たとえば，過去勤務債務はすでに従業員がサービスの提供を終えている労働の対価であるが，退職金が将来増えることにより従業員のやる気が期待できる費用であり，収益につながる費用となりうるものであって，したがって徐々に費用化される。また遅延認識には，1事業年度に負担させるには巨額すぎるような大きな費用を平準化させる効果もある。

　なお数理計算上の差異に関しては，回廊方式，規則的な方式による償却，即時認識がある。我が国では，原則としては，規則的な方法により償却することになっている。すなわち各期の発生額について，平均残存勤務期間内で均等償却することになっている。

　また，過去勤務債務に関しても，原則として平均残存勤務期間内で均等償却することになっている。

　国際会計基準第 19 号によれば，数理計算上の差異に関しては，いずれの方法も認められる。回廊方式は，前期末の退職給付債務の 10％ または前期末の年金資産の公正価値の 10％ のうち大きい金額を超えた場合に償却するというものであり，数理計算上の差異の未認識の正味累積額が，回廊の額（前期末の退職給付債務の 10％ または前期末の年金資産の公正価値の 10％ のうち大きい金額）を超え

る場合に，その超過額について，予想平均残存勤務期間で除した金額以上を償却することになる。また，規則的な方式による償却の場合には，回廊方式よりも早期に償却する結果になるならば，いかなる規則的な償却でもかまわないことになっている。さらに，即時認識も認められている。

例題

当社は，退職給付引当金を計上しており，数理計算上の差異に関しては，回廊方式を採用している。今年度末における数理計算による損失はいくらになりますか。

(1) 前期末の未認識数理計算上の損失の正味累計額　4,000 千円
(2) 前期末の年金資産の現在価値　15,000 千円
(3) 前期末の退職給付債務の現在価値　30,000 千円
(4) 当期末現在の従業員の予想平均残存勤務期間　40 年

(1) 15,000 千円 < 30,000 千円　∴ 30,000 千円
(2) 4,000 千円 — 30,000 千円 × 10% = 1,000 千円
(3) 1,000 千円 ÷ 40 年 = 25 千円

過去勤務債務は，国際会計基準第 19 号によれば，受給権が未確定の部分については，受給権が確定するまでの期間にわたり毎期均等償却し，受給権が確定している部分は，即時に損益に認識する。

例題

本年度に給与水準が改定され，各従業員について次の金額だけ過去勤務債務が発生した。国際会計基準第 19 号に従うと，当社が当期に償却して退職給与費用に追加計上しなければならない過去勤務費用はいくらか。ただし，A，B に関しては，勤続年数が所定の年数に達しており，受給権が確定しているが，しかし C，D に関しては，受給権が確定していない。それぞれの過去勤務債務は下記のとおりである。当社は，5 年継続して初めて退職給与の受給権が従業員に与えられることになっており，C は，勤続年数が 3 年であり，D は 1 年である。

A　2,000 千円
B　　800 千円
C　　260 千円
D　　 40 千円

A，B は全額償却する。2,000 千円＋ 800 千円＝ 2,800 千円
C，D は，確定までの平均残余期間 5 年－（3 年＋ 1 年）÷2＝ 3 年で償却する。
（260 千円＋ 40 千円）÷ 3 年＝ 100 千円

例　題

　平成×2年度の退職給付債務が，100,000 千円，勤務費用が 20,000 千円，利息費用が 2,000 千円で，平成×1年度の年金資産が 10,000 千円で，平成×2年度の期待運用収益が 500 千円のとき，退職給付引当金は，いくらになるか。

100,000 千円＋ 20,000 千円＋ 2,000 千円－ 10,000 千円－ 500 千円＝ 111,500 千円

4．退職給付会計基準の問題点

　退職給付会計基準の問題点として，通常の有価証券評価との矛盾が指摘されている。基準では年金資産を公正な評価額で評価することにしている。厚生年金基金連合会の資産時価評価検討委員会が公表している評価基準が用いられるが，この基準では資産の時価評価に関して保有目的の区分はなく，満期保有目的の債券を時価評価することになっている。企業が通常保有している満期保有目的債券の評価は，通常は原価で評価され，債券を債券金額より低い価額または高い価額で取得した場合には**償却原価法**なので，整合性がない。

　退職給付会計基準に関しては，企業会計原則の引当金の定義と整合しないという問題点も指摘されている。現在価値に割り引く退職給付の見込み額を見積もるにあたり，退職時までに確実に見込まれる昇給等の変動要因も含めて見積

もることにしている。しかしそのような予測給付債務（PBO）が負債性引当金の用件に合致するのかどうかに関しては疑義がある。企業会計原則注解18では，「発生が当期以前の事象に起因していること」を負債性引当金の用件としている。この用件に照らしたとき，退職時までの残存勤務期間に見込まれる昇給を考慮して計算された退職給付債務の累積額はたとえそれが合理的に見積もることができるとしても，「当期以前の事象に起因した債務」であるといえるかどうか疑義がある。

また，退職給付は勤務期間を通じた労働の提供に伴って生じる**後払いの賃金**であるとするなら，当期末までの勤務に伴って生じた当期末要支給額を意味する累積給付債務（ABO）が適切な年金負債ではないかと考えられる。

割引率に関して，企業の自由裁量があることも批判されてしかるべきであろう。割引率と退職給付債務の関係は，割引率が上がれば退職給付債務は小さくなり，割引率が下がれば退職給付債務は大きくなる。割引率をいくらにするかは企業によって異なる。

練習問題

1．次の文章が正しいかどうか検討しなさい。
　(1)負債性引当金は，一定の契約に基づき，継続的に役務の提供を受けるという事実に着目して計上される負債である。
　(2)減価償却累計額はかつて，減価償却引当金とよばれていた。
　(3)偶発債務は，負債性引当金の別称である。
　(4)債務性のある引当金と債務性のない引当金とに分けた場合，修繕引当金，退職給付引当金は，債務性のない引当金に該当する。
　(5)貸倒引当金は，貸借対照表上債権から控除される形式で計上されるので，資産である。
　(6)退職給付債務の計算は，負債の時価会計といってよい。
2．発生主義の方式によるのではなく，現金主義による会計，"pay-as-you-go"（即金払いの）による方式について，あなたの見解を述べなさい。

3. 累積給付債務方式（accumulated benefit approach）と予測給付債務方式（projected benefit approach）のどちらの方法が主観的ですか。またどちらが保守主義に合致した方法ですか。

4. FASB は，「負債は，過去の取引または事象の結果として，将来他の実体に資産を譲渡するかまたは用役を提供するために特定の実体の現在の債務から生じる，発生の可能性の高い将来の経済的効益の犠牲である。」としている［財務会計概念書第 6 号（Statements of Financial Accounting Concepts No.6: Elements of Financial Statements)]。たとえば，ある従業員が20年後に昇給しなければ1,000万円だが，昇給すれば1,500万円の退職給付が見込まれるとしよう。企業にとっての現在の債務はどちらか。またもし，1,500万円が将来義務であるとすると，この場合の過去の取引とは何か。

5. ある会社が得意先に関して，貸倒れの可能性が高いと判断し，税務上認められている金額を超えて引当金を計上した。その税務上の適正額を超えた金額は，申告書上，損金に認められなかった。このことに関してあなたの考えを述べなさい。

6. 次の資料に基づいて，当期の退職給付引当金設定の仕訳を示しなさい。
   (1)退職給付債務計算の割引率：年 5 %
   (2)期首の残高：退職給付債務 100,000 千円
   (3)当期の金額：勤務費用〔当期の発生額〕8,000 千円
   なお，期首・期末時点で差異はいっさい生じていない。

7. 次の資料に基づいて，当期の退職給付引当金設定の仕訳を示しなさい。
   (1)退職給付債務計算の割引率：年 5 %
      年金資産の期待運用収益率：年 3 %
   (2)期首の残高：退職給付債務 100,000 千円
      年金資産 30,000 千円
   (3)当期の金額：勤務費用 8,000 千円

8. 平成×2年度の退職給付債務が，200,000 千円，勤務費用が 40,000 千円，利息費用が 1,000 千円で，平成×1年度の年金資産が 20,000 千円で，平成×2年度の期待運用収益が 1,000 千円のとき，退職給付引当金は，いくらになるか。

9. 次の文章の（　）に適切な語句を記入しなさい。

   退職給付債務 PBO の計算方法であるには，大別して，予測給付評価方式と発生給付評価方式がある。発生給付評価方式は，企業会計の（　1　）に基づく方法であり，退職給付見込額のうち当期末までに（　2　）したと認められる部分の割引現在価値が退職給付債務となる。

現在価値に割り引く退職給付の見込額を見積もるにあたり、将来の昇給等の要因も見積もることにしているが、このことに関して、企業会計原則注解18の（　3　）の要件を満たすかどうかに関して疑義がある。なぜなら、注解18では「発生が当期以前の事象に起因していること」とあるが、将来の昇給はこの条件に該当しないのではないかと考えられるからである。このことを考慮して、当期末までの勤務に伴い生じた当期末要支給額を意味する（　4　）が適切な年金債務ではないかとする見解がある。

10. 当社は、退職給付引当金を計上しており、数理計算上の差異に関しては、回廊方式を採用している。今年度末における数理計算による損失はいくらになりますか。
    (1)前期末の未認識数理計算上の損失の正味累計額　3,000 千円
    (2)前期末の年金資産の現在価値　20,000 千円
    (3)前期末の退職給付債務の現在価値　10,000 千円
    (4)当期末の従業員の予想平均残存勤務期間　20 年

11. 本年度に給与水準が改定され、各従業員について次の金額だけ過去勤務債務が発生した。国際会計基準第19号に従うと、当社が当期に償却して退職給与費用に追加計上しなければならない過去勤務費用はいくらか。ただし、A，Bに関しては、勤続年数が所定の年数に達しており、受給権が確定しているが、しかしC，Dに関しては、受給権が確定していない。それぞれの過去勤務債務は下記のとおりである。当社は、5年継続して初めて退職給与の受給権が従業員に与えられることになっており、Cは、勤続年数が4年であり、Dは2年である。
    A　1,000 千円
    B　　900 千円
    C　　200 千円
    D　　100 千円

12. (1)ある企業が購入後6ヶ月以内に明らかになった製造上の欠陥の修理費用を顧客に補償して製品を販売している。小さな欠陥が発見された場合には、修理費用は、2,000,000円かかるとされ、また、大きな欠陥が発見された場合には、修理費用は、8,000,000円かかるとされている。企業の過去の経験や将来の予想から、今後販売した製品の65%については欠陥は発生しないと予想され、30%については小さな欠陥が予想され、5%に重大な欠陥が予想される。このとき当社が期末に行う製品補償引当金の仕訳を行いなさい。

    (2)ある企業が20×1年に販売した製品の欠陥により、顧客から訴えられ、当社が責任ありとされる可能性が高く、20×3年に支払い義務が生じる可能性が高い。賠償金額

は，6,000,000円であり，現在価値を算定するための割引率は，4%であると見積もられた。当社が20×1年度に当社が行うべき，損害補償損失引当金に関する仕訳を行いなさい。

解 答

6.
勤務費用8,000千円＋利息費用100,000千円×5％＝13,000千円

（退職給付費用）13,000　（退職給付引当金）13,000

7.
勤務費用8,000千円＋利息費用100,000千円×5％－期待運用収益30,000千円×3％
＝12,100千円

（退職給付費用）12,100　（退職給付引当金）12,100

期待運用収益 900	勤務費用 8,000
退職給付費用　12,100	利息費用 5,000

8.
200,000千円＋40,000千円＋1,000千円－20,000千円－1,000千円＝220,000千円

9.
（1）発生主義　（2）発生　（3）引当金　（4）ABO

10.
(1) 10,000千円＜20,000千円　∴20,000千円
(2) 3,000千円－20,000千円×10％＝1,000千円
(3) 1,000千円÷20年＝50千円

11.
A，Bは全額償却する。1,000千円＋900千円＝1,900千円
C，Dは，確定までの平均残余期間5年－（4年＋2年）÷2＝2年で償却する。
（200千円＋100千円）÷2年＝150千円

12. (1)

(0万円×65%)＋(2,000,000円×30%)＋(8,000,000円×5%)＝1,000,000円

（製品保証費）　1,000,000　　（製品保証引当金）　1,000,000

(2)

6,000,000円÷(1＋0.04)²＝5,333,978円

（損害補償損失）　5,333,978　　（損害補償損失引当金）　5,333,978

第12章 利益計算の2つのアプローチ

1. はじめに

　利益計算のアプローチとして，フローを重視する**収益費用アプローチ**（revenue-expense approach）とストックを重視する**資産負債アプローチ**（asset-liability approach）がある。現実の会計実践では，これら2つのアプローチの双方が混在している状況にあるが，最近の会計基準設定においては，従来の収益費用アプローチから資産負債アプローチへとその比重が移行してきている。伝統的な会計は，収益費用アプローチすなわち，**取得原価主義**や**実現主義**を中心としたものであったが，最近の会計は，資産負債アプローチ，すなわち，市場価格や公正価値を重視する会計を中心としたものになってきているのである。たとえば，有価証券の時価評価，減損会計，退職給付会計，合併会計などにその傾向はみられる。

　収益費用アプローチと資産負債アプローチは，それぞれ収益費用あるいは資産負債を中心にすえて利益計算を行うアプローチである。すなわち，収益費用アプローチにあっては，収益費用との関連あるいは対応で利益を計算する。したがって，資産性あるいは負債性に関しては乏しいものも，期間利益の計算の必要性から，貸借対照表に計上されることになる。典型的には繰延資産や引当金があげられるだろう。これらは，企業にとって経済的資源や義務でもないが，資産負債に計上することが許容されている。適切な収益と費用の対応のためには，経済的資源ではないものでも繰り延べ処理をするし，また一方で義務でないものでも，費用計算の合理化の観点から負債として計上される。一方，資産負債アプローチにあっては，資産および負債の定義に依拠して利益を計算する。したがって，資産性あるいは負債性に関して，慎重なアプローチとなり，資産は経済的資源，負債は経済的義務と定義され，この定義に合致しなけ

れば，資産あるいは負債として計上されることはない。

　収益費用アプローチによれば，恣意的な操作が可能であり，それが問題となる。資産性の乏しいものを資産として計上したり，あるいは負債性の乏しいものを負債として計上したりすることも問題である。資産負債アプローチをとれば，このような利益操作はなくなる。資産負債を測定し，その差額である純資産が増加したら利益，減少したら損失という方が，会計の利害関係者のみならず，だれもが納得しやすい方法であるとはいえる。しかし資産の市場価格や公正価値を計算することが困難な場合があり，資産負債アプローチにも問題はある。

2．収益費用アプローチ

　これまで，わが国のみならず，世界の先進国で採用されてきた利益計算方法が収益費用アプローチである。収益費用アプローチは，**発生主義会計**そのものといっても差し支えないものであり，**費用収益対応の原則**と密接に結びつく利益計算方法である。費用収益対応の原則は，一定期間の収益とその収益を稼得するための費用を対応させるという利益計算方法であり，このアプローチのもとでは，利益とは成果と努力との差額であるといいうる。このアプローチの下では，資産・負債の測定は，企業の経済的資源を意味しない項目や，ほかの企業に対する資源の引渡し義務を意味しない項目が資産又は負債として計上されることになる。繰延資産や引当金などが，それに該当する。収益費用アプローチでは，収益が実現あるいは実現可能となり，費用が発生した際に，収益費用の認識が行われる。したがって，キャッシュ・インフローやキャッシュ・アウトフローがあるかどうかは関係がない。

　このアプローチの利点は，**客観性**と**検証可能性**にあり，資産の評価益を計上しない点で，保守主義とも合致している点にある。

　しかしながら，収益費用アプローチには，欠点もある。このアプローチに基

づく，利益数値は，コスト計算が企業によって異なるために，企業間の**比較可能性**が低い。損益計算書を重視し，貸借対照表には，損益計算書において，いまだ対応されず，いわば"対応待ち"の項目が置かれているにすぎない。収益費用アプローチのもとでは，収益費用が主たる測定値であり，資産負債は収益費用計算の結果として導かれたものにすぎない。

3．資産負債アプローチ

利益計算に対するもうひとつのアプローチ，資産負債アプローチは，収益費用アプローチに続いて現れたものである。資産負債アプローチは，かつて日本のみならず，世界の先進国で行われていた**財産法**に類似しているが，しかし厳密にいうと異なる利益計算方法である。このアプローチの下では，企業の資産負債の差額である純資産を測定することによって利益計算が行われる。それゆえ，損益計算書ではなく，貸借対照表で純利益が計算されることになる。この方法によれば，利益は資産負債の変動の結果として生じ，収益費用はその利益計算の結果として生じることになる。資産負債アプローチの下で主要な数値となる資産は，企業に将来の経済的便益をもたらす企業の経済的資源であるとみなされる。

収益費用アプローチが費用収益の対応を容易にするための人工物であるのに対して，資産負債アプローチは現実の資産負債を測定する。資産負債アプローチにおいて，資産負債は，**歴史的原価**ではない価値で評価される。資産負債アプローチは資産負債を**公正価値**で測定し，期間における資産負債の変動を報告する会計である。資産負債アプローチはFASBの概念フレームワークプロジェクトとも首尾一貫している。FASBは，財務会計概念書第6号（Statements of Financial Accounting Concepts No.6: Elements of Financial Statements）における，**包括利益**（comprehensive income）とよばれている利益を定義する際に，資産負債アプローチを採用している。

第12章 利益計算の2つのアプローチ

利益に対する会計は論争のある課題である。収益費用アプローチは，**実現**に依拠する**対応概念**を中心にし，資産における**未実現利益**を認識しない。また，このアプローチは，過去に焦点を当てた，会計特有の狭い利益概念である。資産負債アプローチは，純資産の変動を測定する，将来に焦点を当てた，資産の未実現利益も含む広い概念であり，**経済的利益**に相当する利益計算方法である。

練習問題

1. 次の文章が正しいかどうか検討しなさい。
   (1) 動態的思考と収益費用アプローチは合致する考え方である。
   (2) わが国の会計は収益費用アプローチのみに依拠している。
   (3) 資産負債アプローチに基づくと，繰延資産は，資産ではない。
   (4) 「Abacus」とは，英語でそろばんの意味であり，イギリスの会計雑誌の名称でもある。
2. 収益費用アプローチが保守主義とマッチしているのはなぜか。
3. 収益費用アプローチによれば，費用収益の見越し繰延べを行わなければならないのだが，これはこのアプローチの欠点だろうか。
4. 売買目的有価証券に関して，時価評価して，未実現利益を計上している現在の制度会計に対して，何か問題はありませんか。
5. 減損会計について，割引キャッシュ・フローで資産を評価することに問題はありますか。
6. 資産負債アプローチによる利益計算が主観的になる恐れがあるのはなぜか。
7. 収益費用アプローチから資産負債アプローチへ会計の重点が移行してきているが，あなたはこの傾向に賛成ですか。
8. 資産負債アプローチは包括利益と結びつくが，包括利益の場合，時価評価する株式などの時価変動も損益に反映する。期末に時価評価する資産に関して，実際の売却時に利益計上（リサイクリング）することを禁じることになると，株価で業績が左右されるため，企業が株式保有を避けたり，あるいは，株式を売却することにより，決算時に利益を捻出することができなくなったりすることが予想されるが，これに関してあなたの意見を述べなさい。

9．次の文章の（　）に適切な語句を記入しなさい。

　　利益計算のアプローチとして，収益費用アプローチと資産負債アプローチがある。収益費用アプローチは，（　1　）の原則と結びつくアプローチであり，資産の評価は，（　2　）で行われ，（　3　）の計上をしない。一方の資産負債アプローチは，資産の評価は，（　4　）で行われ，（　5　）を計上する。また，資産負債アプローチによる利益は，（　6　）とよばれることがある。

　　収益費用アプローチによれば，利益の（　7　）が行われることがあり，それが問題点として指摘される。また資産性に疑義のある（　8　）や負債性の乏しい（　9　）が計上されることも問題点として指摘されることがある。

　　資産負債アプローチにも問題はあり，このアプローチによれば，資産の（　10　）を計算することが必要になるが，その計算が容易でなく，主観的になる恐れもある。

解　答

9．
(1) 費用収益対応　(2) 取得原価　(3) 未実現利益　(4) 時価　(5) 未実現利益
(6) 包括利益　(7) 操作　(8) 繰延資産　(9) 引当金　(10) 時価

第13章 連結財務諸表

1. はじめに

　企業はそれぞれが単体としての財務諸表を作成しているが，それらの単体の財務諸表のみでは，企業の実態を把握することは困難である。たとえば，親会社が子会社に対して事務所を貸しているとしよう。親会社は利益を計上しようとして子会社の賃借料を値上げするかもしれない。この場合，親会社の利益は確かに増加する。しかし子会社の費用も増加する。この場合親会社は本当に利益を得たといえるだろうか。あるいは，流行おくれになって売れ残ってしまった商品を親会社が子会社に売りつけたとしよう。この場合親会社の利益は増えるが，外部に販売できない商品が子会社に残ってしまうだろう。この場合親会社は本当に利益を得たといえるであろうか。

　個別財務諸表だけでは限界があるのであって，企業の実態を把握するために，複数の事業体をひとつの事業体と見る**連結財務諸表**（consolidated financial statements）の作成が必要になってくるのである。

　かつて，わが国では個別の財務諸表が中心であり，連結の財務諸表は従たる位置にとどまっていたが，現在では，単体の個別財務諸表よりも連結財務諸表が中心的存在となっている。連結財務諸表は，支配従属関係にある2つ以上の会社や事業体からなる企業集団を単一の組織体とみなして，親会社がその企業集団の財政状態と経営成績を総合的に報告する目的で作成するものである。

　連結財務諸表を作成する際の子会社の範囲には，**持分基準**と**支配力基準**がある。持分基準は，親会社が直接又は間接に議決権の過半数を所有する会社を子会社ととらえ，これを連結対象とする考え方である。これに対し，支配力基準とは，人事あるいは財務，営業上の重要な契約等を通じてその会社の経営を支配している会社を子会社ととらえ，これを連結対象とする考え方である。

現在では持分基準ではなく，支配力基準が採用されている（第22号「連結財務諸表に関する会計基準」以下基準22号）。これは持分基準によると，親会社が持株の売買を通じて，業績不振の子会社を連結対象からはずしたりすることがあったためである。

2．連結財務諸表の会計主体

連結財務諸表作成が誰のためのものと考えるかによって，作成される連結財務諸表が異なってくる。**親会社概念**（parent company concept）のもとでは，連結財務諸表は，親会社の株主のために作成されるものと考える。そのため，会計上の判断も親会社の株主の観点で行われる。これに対し，**経済的単一体概念**（economic unit concept）は，連結財務諸表が支配株主たる親会社と少数株主の両方を含めた企業集団の利害関係者のために作成されると考える。そのため，会計上の判断も企業集団全体の出資者の観点から行われる。親会社概念に基づけば，連結貸借対照表に計上される子会社の資産・負債は，その総額ではなく，親会社持分相当額だけでよいという考え方も成り立つ。この考え方は**比例連結**（proportionate consolidation）とよばれる。これに対して，親会社持分以外の持分相当額も含め，子会社の資産・負債を総額で連結する考え方もある。この考え方は**全部連結**（full consolidation）とよばれている。連結原則は，全部連結を採用している。

連結の範囲に関していえば，親会社概念によれば，持分比率を重視するので，持分基準でもって判断することになり，経済的単一体概念によれば，持分比率よりも，経済的支配の事実を重視するので，支配力基準でもって判断するということになる。

資本連結手続に関していえば，親会社概念によれば，親会社の株主による出資だけが資本となるから，非支配株主の出資部分は負債と考えられるが，経済的単一体概念によれば，非支配株主もまた企業集団への出資者の一部であるか

ら，その持分は資本と考えることになる。

のれん勘定の計上範囲に関していえば，親会社概念によれば，買入れのれんの考え方をとり，子会社に対する投資と，子会社の純資産のうちの親会社持分との差額がのれん勘定となり（親会社が子会社の純資産のうち，親会社の持分の分だけ購入し，高く購入した分が，のれん勘定となる）経済的単一体概念によれば，全部のれんの考え方をとり，親会社のみならず，非支配株主にものれんがあると考える（グループ全体で子会社を購入し，高く購入した分がのれん勘定となる）。この場合には，のれん勘定は，子会社に対する投資と子会社の純資産の公正価値との差額となる。

連結会社間取引に関していえば，親会社概念によれば，ダウン・ストリーム（down-stream）の場合もアップ・ストリーム（up-stream）の場合も，親会社持分相当額消去方式となり，経済的単一体概念によれば，ダウン・ストリームの場合には，非支配株主は存在せず，売買損益は親会社に計上されることになり，未実現利益を全額消去して，その全額を親会社が負担する全額消去・親会社負担方式となる。また経済的単一体概念におけるアップ・ストリームの場合には，外部者との取引は存在しないと考えるので，未実現利益は全額消去されるが，親会社と非支配株主が持分比率に応じて負担するという全額消去・持分比率負担方式によることになる。

3．連結財務諸表作成の流れ

(1)相殺消去の基本的な考え方

連結財務諸表を作成する際，親会社の投資勘定とこれに対応する子会社の資本勘定を相殺消去しなければならない。まず，最も単純なケースにおける投資勘定と資本勘定の相殺消去の説明を行う。

・親会社をＰ社，子会社をＳ社とする。

・Ｐ社のＳ社株式をＳ社の資産・負債に置き換える（Ｓ社株式の内容を詳しくし

```
         P社貸借対照表              S社貸借対照表
   諸資産   400   諸負債    200    諸資産  200   諸負債    100
   S社株式  100   資本金    260                 資本金     70
                 利益剰余金  40                 利益剰余金  30
         500           500          200           200
```

```
              P社＋S社貸借対照表
   諸 資 産   400      諸 負 債    200
   S 社株式  100      資 本 金    260
   諸 資 産  200      利益剰余金    40
                     諸 負 債    100
                     資 本 金     70
                     利益剰余金    30
```

連結消去仕訳　（借）資　本　金　70　　（貸）S社株式　100
　　　　　　　　　　　利益剰余金　30

```
              P社＋S社貸借対照表
   諸 資 産   600      諸 負 債    300
                      資 本 金    260
                      利益剰余金    40
            600                  600
```

たい）。

→P社・S社の貸借対照表を単純合算し，S社株式とS社資本を相殺消去する（単位：千円）。

(2)のれん

親会社の投資勘定とこれに対応する子会社の資本勘定は常に一致するわけではない。親会社の投資勘定と子会社の資本勘定に差額が生じる場合がある。こ

の差額は，投資消去差額とよばれる。この投資消去差額は，**のれん**という科目で通常処理される。のれん勘定は，借方に生じる場合もあるし，貸方に生じる場合もあるが，いずれにしても，計上後20年以内に定額法その他の合理的な方法により償却することになっている（基準22号）。

ただし，投資消去差額の原因が容易に分析できる場合には，適当な科目に振り替えなければならない。

> **例　題**

(1) 平成×1年12月31日，親会社であるP社は子会社であるS社（資本金100千円，利益剰余金200千円）の発行済議決権株の100％を400千円で取得した。投資消去差額は，のれんで処理する。

　　（借）資　本　金　100　　　（貸）S社株式　400
　　　　　利益剰余金　200
　　　　　の　れ　ん　100

(2) 平成×2年12月31日，のれん勘定を5千円償却する。

　　（借）のれん償却　　5　　　（貸）の　れ　ん　　5

(3) 非支配株主持分

親会社が常に子会社のすべての株式を取得するとは限らない。親会社が発行済株式の一定割合を取得し，残りはほかの株主が取得するといった場合が考えられる。残りの株式を所有するものは**非支配株主**とよばれる。非支配株主が所有する持分は**非支配株主持分勘定**で処理され，連結貸借対照表上純資産の最後に記載される。

親会社概念に基づけば，非支配株主は親会社に対して持分を持っているわけでないので，非支配株主持分は，資本ではなくて，負債となる。しかし，非支配株主に対して，現金その他の資産でもって返済しなければならない債務でもないので，負債でもないと考えることができ，非支配株主持分を負債の部と純資産の部の中間に計上するという考え方もある。

経済的単一体概念に基づけば，親会社持分と非支配株主持分に違いはなく，双方とも資本ということになる。

例　題

親会社であるP社は子会社であるS社（資本金100千円，利益剰余金200千円）の発行済議決権株の80％を240千円で取得した。

（借）資　本　金　100　　（貸）S　社　株　式　240
　　　利益剰余金　200　　　　　非支配株主持分　　60

連結財務諸表の関係

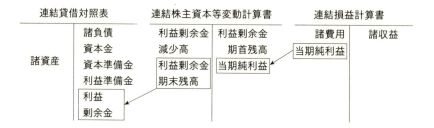

①連結損益計算書で求めた当期純利益を連結株主資本等変動計算書に振り替える。
②連結株主資本等変動計算書で求めた利益剰余金期末残高を連結貸借対照表に振り替える。

例　題

次の資料に基づいて連結財務諸表を作成しなさい。
(1)平成×1年12月31日に，親会社であるP社は，子会社であるS社の株式80％を320千円で取得した（P社，S社とも12月31日を決算日とし，会計期間は1年である）。
　平成×1年12月31日のP社，S社の貸借対照表は次の通りである。

P社貸借対照表

諸資産	900	諸負債	620
S社株式	320	資本金	400
		利益剰余金	200
	1,220		1,220

S社貸借対照表

諸資産	700	諸負債	300
		資本金	300
		利益剰余金	100
	700		700

（連結消去仕訳）

（借）資　本　金　300　　（貸）S　社　株　式　320
　　　利益剰余金　100　　　　　非支配株主持分　 80

P社＋S社貸借対照表

諸　資　産	1,600	諸　負　債	920
		資　本　金	400
		利益剰余金	200
		非支配株主持分	80
	1,600		1,600

(2) 平成×1年12月31日から1年が経過した。平成×2年12月31日のP社，S社の財務諸表は，次の通りであった。

P社損益計算書

諸費用	300	諸収益	400
当期純利益	100		
	400		400

S社損益計算書

諸費用	150	諸収益	200
当期純利益	50		
	200		200

P社株主資本等変動計算書

利益剰余金期末残高	300	利益剰余金期首残高	200
		当期純利益	100
	300		300

S社株主資本等変動計算書

利益剰余金期末残高	150	利益剰余金期首残高	100
		当期純利益	50
	150		150

P社貸借対照表			
諸資産	1,170	諸負債	790
S社株式	320	資本金	400
		利益剰余金	300
	1,490		1,490

S社貸借対照表			
諸資産	650	諸負債	200
		資本金	300
		利益剰余金	150
	650		650

この資料に基づき，連結損益計算書，株主資本等変動計算書，連結貸借対照表を作成すると，次のようになる。

①開始仕訳

（借）資　　本　　金　　300　　（貸）S　社　株　式　　320
　　　利益剰余金期首残高　100　　　　非支配株主持分　　 80

取得時に行った投資勘定と資本勘定の相殺消去は，個別会計上は行われていない。したがって，平成×2年12月31日においても，前年度末に行ったのと同じ相殺消去仕訳を行う必要がある。また，利益剰余金ではなく，**利益剰余金期首残高**となっている点に注目されたい。開始仕訳で減少させる剰余金は，利益剰余金期首残高である。

②当期純利益を非支配株主持分へ振替

（借）非支配株主に帰属する当期純利益　10　　（貸）非支配株主持分　10

株式取得後の子会社の当期純利益は，取得後剰余金とよばれる。取得後剰余金のうち，親会社分はそのまま剰余金とされ，修正仕訳はいらない（連結財務諸表作成上，合算され，利益剰余金となる）。しかし非支配株主持分は，連結損益計算書上，非支配株主に帰属する当期純利益として利益から控除されるとともに，連結貸借対照表上，非支配株主持分として記載される。

子会社の当期純利益　50千円　→　親会社分　　→　そのまま剰余金となる　40千円
　　　　　　　　　　　　　　　　　　　　　　　（利益剰余金　340千円の一部を構成）
　　　　　　　　　　　↓
　　　　　　　　　　　非支配株主分　→　非支配株主持分となる　　10千円

第13章　連結財務諸表 ○───145

連結損益計算書

諸費用	450	諸収益	600
非支配株主に帰属する当期純利益	10		
親会社株主に帰属する当期純利益	140		
	600		600

連結株主資本等変動計算書

利益剰余金期末残高	340	利益剰余金期首残高	200
		親会社株主に帰属する当期純利益	140
	340		340

連結貸借対照表

諸資産	1,820	諸負債	990
		資本金	400
		利益剰余金	340
		非支配株主持分	90
	1,820		1,820

4．子会社の資産及び負債の時価評価

　連結原則によれば，取得した子会社の資産・負債は公正な評価額または時価で評価することになっているが，その評価方法として①全面時価評価法と，②部分時価評価法の2つがある。

①全面時価評価法

　全面時価評価法は，子会社の資産・負債のすべてを，支配獲得日の時価により評価する方法である。この方法は，経済的単一体概念に合致する方法であり，非支配株主に帰属する部分も時価で評価される。

　また，全面時価評価法は，**経済的単一体概念**に合致し，経済的単一体が形成

された時点を重視することになるので，一括法に合致する方法である。

②部分時価評価法

部分時価評価法は，子会社の資産・負債のうち，親会社の持分に相当する部分については，株式取得日ごとにその日の時価で評価し，非支配株主持分に相当する部分については，子会社の貸借対照表上の金額のままで計上する方法である。この方法は**親会社概念**に合致する方法であり，子会社の純資産のうち親会社に帰属する部分のみが時価評価される。

また，部分時価評価法は，親会社概念に合致する方法であり，親会社の持分が段階的に増加していく過程を示すべき方法であるため，段階法に合致する方法である。

かつての「連結財務諸表原則」は，上記2つの方法の選択を容認していた。しかし基準22号では，コンバージェンスの視点から，全面時価評価法に一本化されることになった。

例題

S社の諸資産の時価総額を評価したところ，2,600千円であった。S社の発行済株式総数の60％を1,000千円で取得した。

P社貸借対照表

諸資産	4,000	諸負債	2,000
S社株式	1,000	資本金	2,600
		利益剰余金	400
	5,000		5,000

S社貸借対照表

諸資産	2,000	諸負債	1,000
		資本金	700
		利益剰余金	300
	2,000		2,000

(1)全面時価評価法
①S社の個別貸借対照表項目の時価評価
諸資産の評価差額600千円（2,600千円－2,000千円）の修正を行う。

（借）諸　資　産　　600　　　（貸）利 益 剰 余 金　　600
②資本連結
（借）資　本　金　　700　　　（貸）S　社　株　式　1,000
　　　利 益 剰 余 金　　900　　　　　　非支配株主持分　　640
　　　の　れ　ん　　 40

利益剰余金＝300千円（利益剰余金）＋600千円（評価差額）＝900千円
のれん1,000千円－（700千円＋300千円＋600千円）×60％＝40千円
1,000千円を投資して，子会社の純資産（資本金＋利益剰余金＋評価差額）のうち親会社持分の60％を買うと考える。40千円だけ高く買っているので，のれんが40千円借方に生じる。
非支配株主持分（700千円＋300千円＋600千円）×40％＝640千円

(2)部分時価評価法の場合
①S社の個別貸借対照表項目の時価評価
諸資産の評価差額600千円（2,600千円－2,000千円）のうち親会社の持分（60％）に相当する部分360千円の修正を行う。
（借）諸　資　産　　360　　　（貸）利 益 剰 余 金　　360
②資本連結
（借）資　本　金　　700　　　（貸）S　社　株　式　1,000
　　　利 益 剰 余 金　　660　　　　　　非支配株主持分　　400
　　　の　れ　ん　　 40

利益剰余金＝300千円（利益剰余金）＋360千円（評価差額）＝660千円
のれん1,000千円－{（700千円＋300千円）×60％＋360千円}＝40千円
1,000千円を投資して，子会社の純資産（資本金＋利益剰余金）のうち親会社持分の60％を買うと考える。40千円だけ高く買っているので，のれん40千円が借方に生じる。
非支配株主持分（700千円＋300千円）×40％＝400千円

　全面時価評価法は，部分時価評価法に比し，少数株主持分が600千円×40％＝240千円だけ多い。これは，時価評価の結果生じた評価差額600千円のうち，非支配株主に属する部分の金額である。部分時価評価法は，親会社持分に相当する部分のみを時価評価し，非支配株主持分に属する部分は原価で評価する方法であるが，全面時価評価法の場合は，親会社持分に相当する部分だ

けではなく，非支配株主持分に属する部分も時価評価するので，全面時価評価法の方が，部分時価評価法よりも，非支配株主持分が大きくなるのである。部分時価評価法で時価が増加した部分は親会社の持分であり，非支配株主の持分は増えないと考えてもいい。

5．債権債務の相殺消去

　同一の企業集団に属する親会社と子会社の相互間の債権・債務は，相殺消去されなければならない（基準22号）。なぜなら，外部から見たら，親会社・子会社間の債権・債務は存在しないからである。

例　題

親会社P社は子会社S社に対する貸付金 50,000 千円がある。
（借）借　入　金　50,000　　（貸）貸　付　金　50,000

6．未実現損益の消去

　親会社と子会社の間で商品売買が行われても，売上計上はできない。なぜならば，親会社，子会社ではない，第三者に商品が売却されるまでは，連結会社相互間の内部取引であって，単なる資産の振替であるからである。
　したがって，連結会社間で棚卸資産やほかの資産の売却が行われた場合には，未実現損益の計上を除去しなくてはならない（基準22号）。

(1)棚卸資産の未実現損益
　未実現損益の消去方法には，**①全額消去・親会社負担方式，②全額消去・持分比率負担方式，③親会社持分相当額消去方式**がある。親会社から子会社へ資

産を売却するダウン・ストリームの場合には，親会社には非支配株主は存在しないため，①全額消去・親会社負担方式を採用する。すなわち，未実現利益を全額消去し，そのすべてを親会社に負担させることになる。

　子会社から親会社へ資産を売却するアップ・ストリームの場合には，①の全額消去・親会社負担方式は，消去される未実現利益のうち非支配株主に属する部分の金額まで親会社が負担するので不合理である。

　②全額消去・持分比率負担方式は，親会社持分と非支配株主持分の差異を無視するので，**経済的単一体概念**と整合する。③親会社持分相当額消去方式は，非支配株主に属する部分を実現損益と見るので，非支配株主を外部者と見る**親会社概念**と整合する。基準22号では，②全額消去・持分比率負担方式が採用されており，未実現利益を全額消去し，その消去した金額を親会社と非支配株主に持分比率に応じて負担させることになる。

例題

　親会社P社は，子会社S社（P社の持株比率70%）に原価10,000円の商品を12,000円で売却したが，いまだ外部に販売されていない。

（借）売　　　　上　　12,000　　（貸）売　上　原　価　12,000
　　　売　上　原　価　　2,000　　　　　棚　卸　資　産　　2,000

　ダウン・ストリームであるので，①全額消去・親会社負担方式を採用する。販売の取り消しの仕訳と棚卸資産に含まれる未実現利益を除去する仕訳を行う。

例題

　子会社S社（P社の持株比率70%）は，親会社P社に原価10,000円の商品を12,000円で売却したが，いまだ外部に販売されていない。

（借）売　　　　上　　　12,000　　（貸）売　上　原　価　　12,000
　　　売　上　原　価　　　2,000　　　　　棚　卸　資　産　　　2,000
　　　非支配株主持分　　　　600　　　　　非支配株主に帰属する当期純利益　600

アップ・ストリームの場合には，②全額消去・持分比率負担方式を採用する。販売の取り消しの仕訳を行い，未実現利益除去の仕訳を行う。未実現利益を少数株主にも負担させる。

(2)固定資産の未実現損益

連結会社間で償却資産を売買した場合には，未実現損益の消去のみならず，減価償却費の修正も必要になる。

例 題

親会社P社は子会社S社に製造原価200,000円の機械を250,000円で販売した。S社はこの機械を固定資産として使用し，耐用年数10年，残存価額10%で償却している。

（借）売　　　　　上　250,000　　（貸）機　　　　　械　 50,000
　　　　　　　　　　　　　　　　　　　売 上 原 価　200,000
　　　減価償却累計額　 4,500　　　　　減 価 償 却 費　 4,500

機械のうち50,000円部分の減価償却費を取り消す。50,000円×0.9÷10年＝4,500円

7．税効果会計

税効果会計は，一時差異が生じる場合に適用される。一時差異は個別財務諸表でも生じるが，連結財務諸表固有の差異もある。
　(1)資本連結に際し，子会社の資産・負債の時価評価により生じた評価差額
　(2)連結会社相互間の取引から生じたものとして消去した未実現損益
　(3)連結会社相互間の債権と債務の相殺消去に伴って減額修正した貸倒引当金
　一時差異にかかる税金の額は，連結損益計算書に**法人税等調整額**として計上し，連結貸借対照表に**繰延税金資産**または**繰延税金負債**として計上する。

例題

親会社であるP社は，子会社S社の株式を80％取得した。子会社S社の資産の簿価は200,000千円であり，時価は240,000千円であった。法定実効税率は40％である。

（全面時価評価法）

（借）諸　資　産　40,000　　（貸）利益剰余金　24,000
　　　　　　　　　　　　　　　　　繰延税金負債　16,000

子会社の税務上の簿価は200,000千円であり，連結上の簿価は240,000千円である。将来たとえば300,000千円で売却すると，税務上は100,000千円の売却益，連結上は60,000千円の売却益となり，税務上の売却益が40,000千円だけ大きくなる。将来40,000千円×40％の税金が増えるので，繰延税金負債を計上することになる。

（部分時価評価法）

（借）諸　資　産　32,000　　（貸）利益剰余金　19,200
　　　　　　　　　　　　　　　　　繰延税金負債　12,800

例題

親会社であるP社は，連結決算にあたり，子会社S社に対する売掛債権10,000円を相殺消去した。この債権につき，貸倒引当金を5％計上している。法定実効税率は40％である。

（借）買　掛　金　10,000　　（貸）売　掛　金　10,000
　　　貸倒引当金　　　500　　　　　貸倒引当損　　　500
　　　法人税等調整額　200　　　　　繰延税金負債　　200

貸倒引当金の減額修正となり，将来加算一時差異が発生する。連結上は貸倒引当損が500円減少し，連結利益が増加するので，税金費用も増加する。

8．持分法

持分法とは，投資会社が被投資会社の純資産および損益のうち投資会社に帰属する部分の変動に応じて，その投資の額を連結決算日ごとに修正する方法をいう。

持分法の適用会社は，原則として非連結子会社と関連会社である。非連結子

会社や関連会社の中には影響力の大きな会社もあり，連結財務諸表にその業績も反映したほうが，企業グループとしての業績を正しく反映することができるため，持分法が採用されている。

通常の連結は，連結会社の財務諸表を科目ごとに合算するため，**全部連結**あるいは**完全連結**という。これに対し，持分法は連結貸借対照表における株式の価額の修正と連結損益計算書における投資損益の計上によって行われるため，**部分連結**あるいは**一行連結**といわれる。

持分法では当初は原価で記録され，その後，被投資会社が利益を計上すれば，その利益のうち持分相当額だけ投資勘定を増加させ，反対に被投資会社が損失を計上すれば，その損失のうち持分相当額だけ投資勘定を減少させる会計処理を行う。

例 題

P社は，A社の株式の20％を800,000千円で取得した。A社は当期において，200,000千円の利益を計上した。A社は関連会社に該当し，持分法の適用対象となる。

(借) A 社 株 式　800,000　　(貸) 現　　　　　金　800,000
　　 A 社 株 式 　40,000　　　　 持分法による投資損益　40,000

練習問題

1．次の文章が正しいかどうか検討しなさい。
　(1) 資産総額2,000千円，負債総額1,000千円を保有する会社の発行済株式総数の70％を800千円で取得した。このとき，のれん勘定が200千円生じる。
　(2) 親会社概念の下では，非支配株主持分は，負債として認識することができる。
　(3) 貸借対照表上の資産総額2,000千円，負債総額1,500千円，資本金400千円，利益剰余金100千円であり，資産の時価が2,100千円である会社の発行済株式総数の80％を，900千円で取得した。部分時価評価法の場合，非支配株主持分は116千円となる。
　(4) 部分時価評価法によれば，子会社の資産・負債のうち，少数株主の持分に相当する部分のみを時価評価することになる。

2．次の資料に基づいて連結財務諸表を作成しなさい。

(1) 平成×1年12月31日に，親会社であるP社は，子会社であるS社の株式80％を640千円で取得した（P社，S社とも12月31日を決算日とし，会計期間は1年である）。平成×1年12月31日のP社，S社の貸借対照表は次のとおりである。

```
      P社貸借対照表                    S社貸借対照表
諸資産   1,800 | 諸負債    1,240     諸資産  1,400 | 諸負債    600
S社株式   640 | 資本金      800                   | 資本金    600
              | 利益剰余金  400                   | 利益剰余金 200
         2,440|           2,440            1,400|           1,400
```

(2) 平成×1年12月31日から1年が経過した。平成×2年12月31日のP社，S社の財務諸表は，次のとおりであった。連結損益計算書，連結貸借対照表，連結株主資本等変動計算書を作成しなさい。

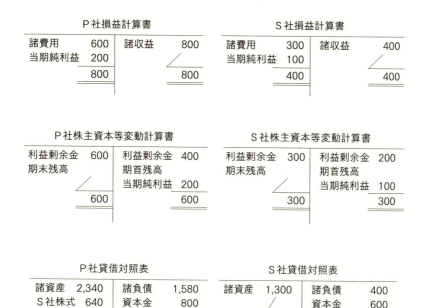

3. 20×1年3月31日にS社の発行済株式の70%を18,000千円で一括取得した（取得時のS社の資本金は，12,000千円，利益剰余金は，8,000千円であった）。S社の次の資料に基づいて，当期末（20×2年3月31日）における連結精算表を作成しなさい。

   (1) 支配獲得日（20×1年3月31日）におけるS社のその他の諸資産の時価評価をしたところ，42,000千円であったが，棚卸資産及び機械並びに諸負債については変化がなかった。

   (2) P社の売上高400,000千円の中には，S社に対する一般商品の売上高7,000千円と機械製品の売上高800千円が含まれている。

   (3) S社の期末棚卸資産のうち，P社から仕入れて期末現在でまだ外部へ売却されていないもの（機械を除く）が1,200千円ある。P社の利益率は25%である。

   (4) P社はS社に対して期首に製造原価600千円の機械を800千円で売上げ，S社はそれを固定資産として使用し，耐用年数5年，定額法で償却（残存価額ゼロ）している。

   (5) P社およびS社は当期中に行われた利益処分において，それぞれ10,000千円，1,000千円を配当金として支払っている。

   (6) のれんは，20年間で均等償却する。

   (7) その他の包括利益は，その他有価証券評価差額金の増加額である。

4. 20×1年3月31日にS社の発行済株式の70%を18,000千円で一括取得した（取得時のS社の資本金は，12,000千円，利益剰余金は，8,000千円であった）。S社の次の資料に基づいて，当期末（20×2年3月31日）における連結精算表を作成しなさい。なお，法人税の実効税率は，40%である。

   (1) 支配獲得日（20×1年3月31日）におけるS社のその他の諸資産の時価評価をしたところ，42,000千円であったが，棚卸資産及び機械並びに諸負債については変化がなかった。

   (2) P社の売上高400,000千円の中には，S社に対する一般商品の売上高7,000千円が含まれている。

   (3) S社の期末棚卸資産のうち，P社から仕入れて期末現在でまだ外部へ売却されていないものが1,200千円ある。P社の利益率は25%である。

   (4) P社の売掛金にはS社に対するものが400千円ある。貸倒引当金の繰入率は，5%である。

   (5) のれんは，20年間で均等償却する。

   (6) P社およびS社は当期中に行われた利益処分において，それぞれ10,000千円，

1,000千円を配当金として支払っている。

(7) その他の包括利益は，その他有価証券評価差額金の増加額である。

5．のれんの資産性には疑義がある。のれんは他の資産と交換できない。財務諸表の機能は，全体としての企業価値を評価し，報告することではない。のれんは，「経済的便益が，企業に流入する可能性が高い」という資産の認識基準を満たさない。のれんは，「忠実な表現」基準を満たしていないなどの問題点がある。これらのことについて，あなたの考えを述べなさい。

6．次の文章の（　）に適切な語句を記入しなさい。

連結財務諸表が誰のために作成されるかを考慮して，親会社の株主ために作成されるとする見方と親会社の株主だけではなく非支配株主も含めた企業集団の利害関係者のために作成されるとの見方がある。前者を親会社概念といい，後者を経済的単一体概念という。連結の範囲に関していえば，親会社概念では，（　1　）となり，経済的単一体概念では，（　2　）となる。資本連結手続に関していえば，非支配株主持分は，親会社概念では，（　3　）となり，経済的単一体概念では，（　4　）となる。のれんに関していえば，親会社概念によれば，子会社に対する投資と，子会社の純資産のうちの（　5　）との差額がのれんとなり，経済的単一体概念では，子会社に対する投資と子会社の純資産の（　6　）との差額がのれんとなる。連結会社間取引に関していえば，親会社概念によれば，ダウン・ストリームの場合もアップ・ストリームの場合も（　7　）となり，経済的単一体概念によれば，ダウン・ストリームの場合には，（　8　）となり，アップ・ストリームの場合には，（　9　）となる。

また子会社の資産負債の評価に関しては，親会社概念では，（　10　）となり，経済的単一体概念では，（　11　）となる。

わが国では，コンバージェンスの視点から，全面時価評価法に一本化されることになった。

解　答

2．

(1) （連結消去仕訳）

（借）資　　　　本　　600　　（貸）S　社　株　式　　640
　　　利　益　剰　余　金　　200　　　　　非支配株主持分　　160

P社＋S社貸借対照表

諸 資 産	3,200	諸 負 債	1,840
		資 本 金	800
		利益剰余金	400
		非支配株主持分	160
	3,200		3,200

(2) この資料に基づき，連結損益計算書，連結株主資本等変動計算書，連結貸借対照表を作成すると，次のようになる。

① 開始仕訳

（借）資　　本　　金　600　　（貸）S　社　株　式　640
　　　利益剰余金期首残高　200　　　　非支配株主持分　160

② 当期純利益を非支配株主持分へ振替

（借）非支配株主に帰属する当期純利益　20　　（貸）非支配株主持分　20

連結損益計算書

諸費用	900	諸収益	1,200
非支配株主に帰属する当期純利益	20		
親会社株主に帰属する当期純利益	280		
	1,200		1,200

連結株主資本等変動計算書

利益剰余金期末残高	680	利益剰余金期末残高	400
		親会社株主に帰属する当期純利益	280
	680		680

連結貸借対照表

諸 資 産	3,640	諸 負 債	1,980
		資 本 金	800
		利益剰余金	680
		非支配株主持分	180
	3,640		3,640

3．
（全面時価評価法）
①開始仕訳
　支配獲得日にS社の諸資産を評価したところ，時価は42,000千円だったので，次の仕訳を切る。

　（借）諸　　資　　産　　2,000　　（貸）利益剰余金期首残高　2,000

　（借）資　　本　　金　12,000　　（貸）S　社　株　式　　18,000
　　　　利益剰余金期首残高　10,000　　　　　非支配株主持分　　　6,600
　　　　の　　れ　　ん　　2,600

のれん＝18,000千円－（12,000千円＋8,000千円＋2,000千円）×70％＝2,600千円
非支配株主持分＝（12,000千円＋8,000千円＋2,000千円）×30％＝6,600千円

②子会社の当期利益
　3,000千円×30％＝900千円
　（借）非支配株主に帰属する当期純利益　　900　　（貸）非支配株主持分　　900

③のれん償却
　（借）の　れ　ん　償　却　　130　　（貸）の　　れ　　ん　　130

④棚卸資産の内部売上・未実現損益
　現　　金　7,000　　売　　上　7,000
　売上原価7,000 現金7,000という仕訳がなされているが，しかしS社に対する売上は外部から見たら存在しない。したがって，（借）売上7,000（貸）売上原価7,000という仕訳を行う。
　S社の期末商品のうち外部へ未販売のものが1,200千円あり，P社の利益率は，25％であるから，1,200千円×25％＝300千円は消去する。棚卸資産に含まれている未実現利益部分を減少させる。また，期末商品を当期仕入高から控除して売上原価を算定しているから，売上原価は，未実現利益分だけ過小になっている。そこで，未実現利益分だけ売上原価を増加させる（期末商品の減少→売上原価の増加）。そこで，つぎの仕訳を切る。
　（借）売　上　原　価　　300　　（貸）棚　卸　資　産　　300

⑤固定資産の未実現損益

個別財務諸表上,

P社　現　　金　800　　　売　　　上　800
　　　売上原価　600　　　機　　　械　600
S社　機　　械　800　　　現　　　金　800

という仕訳がなされている。

そこで，連結上，次の仕訳をする。

　　　売　　　上　800　　　機　　　械　200
　　　　　　　　　　　　　　売上原価　600

減価償却費が200千円÷5＝40千円だけ多いので，減価償却累計額40 減価償却費40 という仕訳を切る。

⑥配当金

親会社の配当金と子会社の受取配当金を相殺する。

　（借）受 取 配 当 金　　1,000　　（貸）配　当　金　　1,000

子会社が配当すれば，非支配株主の純資産が減少するので，非支配株主持分も減少させる。

　（借）非支配株主持分　　　300　　（貸）受 取 配 当 金　　　300

配当金は利益剰余金の減少を意味し，連結精算表では，利益剰余金減少高で処理されているので，配当金ではなく，利益剰余金減少高で処理する。

　（借）受 取 配 当 金　　　700　　（貸）利益剰余金減少高（配当金）1,000
　　　非支配株主持分　　　300

第13章 連結財務諸表

（全面時価評価法１）

勘定科目	P社	S社	消	去	連結財務諸表
（貸借対照表）					
S社株式	18,000			18,000	
その他諸資産	402,000	40,000	2,000		444,000
棚卸資産	2,000	1,000		300	2,700
機械	98,000	9,000		200	106,800
減価償却累計額	△78,000	△6,000	40		△83,960
のれん			2,600	130	2,470
合 計	442,000	44,000			472,010
諸負債	220,000	22,000			242,000
資本金	120,000	12,000	12,000		120,000
利益剰余金	100,000	10,000			100,810 (1)
その他の包括利益累計額	2,000				2,000
少数株主持分			300	6,600	7,200
				900	
合 計	442,000	44,000			472,010
（損益および包括利益計算書）					
売上高	400,000	41,000	7,000		433,200
			800		
受取配当金	10,000		700		9,300
合 計	410,000	41,000			442,500
売上原価	300,000	30,000	300	7,000	322,700
				600	
販売費等	70,000	7,000	130	40	77,090
（うち減価償却費）				(40)	
（うちのれん償却）			(130)		
支払利息	10,000	1,000			11,000
非支配株主に帰属する当期純利益			900		900
親会社株主に帰属する当期純利益	30,000	3,000			30,810 (2)
合 計	410,000	41,000			442,500
親会社株主に帰属する当期純利益					30,810 (3)
非支配株主に帰属する当期純利益					900 (4)
その他の包括利益					2,000
包括利益					33,710
（利益剰余金の計算）					
利益剰余金期首残高	80,000	8,000	10,000	2,000	80,000
利益剰余金増加高	30,000	3,000			30,810 (5)
（当期純利益）					
合 計	110,000	110,000			110,810
利益剰余金減少高	10,000	1,000		1,000	10,000
（剰余金配当額）					
利益剰余金期末残高	100,000	10,000			100,810 (6)
合 計	110,000	11,000			110,810
			36,770	36,770	

(1)連結貸借対照表の貸借差額
(2)連結損益および包括損益計算書の貸借差額
(3)連結および包括利益計算書から移記
(4)連結および包括利益計算書の非支配株主に帰属する当期純利益から移記
(5)連結損益及び包括利益計算書の親会社株主に帰属する当期純利益より転記
(6)利益剰余金期首残高に利益剰余金増加高を加えて，利益剰余金減少高を差し引き，利益剰余金期末残高を算出する。

4．
（全面時価評価法）
①開始仕訳
　支配獲得日にS社の諸資産・諸負債の評価したところ，資産は42,000千円と評価され，負債には，変化はなかった。

　（借）諸　資　産　　2,000　　（貸）利益剰余金期首残高　1,200
　　　　　　　　　　　　　　　　　　　繰 延 税 金 負 債　　 800

　税務上の簿価が2,000千円少ないので，将来売却されると，この分だけ利益が増え，税金が増えるので，繰延税金負債を計上する。

　（借）資　　本　　金　12,000　　（貸）S　社　株　式　18,000
　　　　利益剰余金期首残高　9,200　　　　非支配株主持分　　6,360
　　　　の　　れ　　ん　　3,160

のれん＝18,000千円－（12,000千円＋8,000千円＋1,200千円）×70％＝3,160千円
非支配株主持分＝（2,000千円＋9,200千円）×30％＝6,360千円

②子会社の当期利益
　3,000千円×30％＝900千円
　（借）非支配株主に帰属する当期純利益　900　　（貸）非支配株主持分　900

③のれん償却
　（借）のれん償却　　　　　158　　（貸）の　れ　ん　　158

④内部売上
　（借）売　　上　　　　7,000　　（貸）売　上　原　価　7,000

⑤未実現利益

| (借)売上原価 | 300 | (貸)棚卸資産 | 300 |
| 繰延税金資産 | 120 | 法人税等調整額 | 120 |

連結上は，売上原価が増加して，連結利益が減少し，税金費用も減少する。

⑥貸倒引当金5％

P社からS社へ売掛金400

(借)買　掛　金	400	(貸)売　掛　金	400
貸倒引当金	20	貸倒引当金繰入	20
法人税等調整額	8	繰延税金負債	8

連結上は貸倒引当損が20減少し，連結利益が増加するので，税金費用も増加する。

⑦配当金

| (借)受取配当金 | 700 | (貸)利益剰余金減少高（配当金） | 1,000 |
| 非支配株主持分 | 300 | | |

子会社の配当金と親会社分の受取配当金と相殺する。子会社が配当すれば，非支配株主にも配当されるが，非支配株主分の純資産が減少するので，非支配株主持分も減少させる。

連結精算表（全面時価評価法）

勘定科目	P社	S社	消去		連結財務諸表
（貸借対照表）					
S社株式	18,000			18,000	
その他の諸資産	402,000	40,000	2,000		444,000
棚卸資産	2,000	1,000		300	2,700
売掛金	59,000	6,000		400	64,600
繰延税金資産			120		120
貸倒引当金	△1,000	△100	20		△1,080
減価償却累計額	△38,000	△2,900			△40,900
のれん			3,160	158	3,002
合計	442,000	44,000			472,442
諸負債	200,000	20,000			220,000
買掛金	20,000	2,000	400		21,600
繰延税金負債				800	808
				8	
資本金	120,000	12,000	12,000		120,000
利益剰余金	100,000	10,000			101,074 (1)
その他の包括利益累計額	2,000				2,000
非支配株主持分			300	6,360	6,960
				900	
合計	442,000	44,000			472,442
（損益および包括利益計算書）					
売上高	400,000	41,000	7,000		434,000
受取配当金	10,000		700		9,300
合計	400,000	41,000			443,300
売上原価	300,000	30,000	300	7,000	323,300
販売費等	70,000	7,000	158	20	77,138
（うち貸倒引当金繰入）				(20)	
（うちのれん償却）			(158)		
法人税等	10,000	1,000	8	120	10,888
非支配株主に帰属する当期純利益			900		900
親会社株主に帰属する当期純利益	30,000	3,000			31,074 (2)
合計	410,000	41,000			443,300
親会社株主に帰属する当期純利益					31,074 (3)
非支配株主に帰属する当期純利益					900 (4)
その他の包括利益					2,000
包括利益					33,974
（利益剰余金の計算）					
利益剰余金期首残高	80,000	8,000	9,200	1,200	80,000
利益剰余金増加高	30,000	3,000			31,074 (5)
（当期純利益）					
合計	110,000	110,000			111,074
利益剰余金減少高	10,000	1,000		1,000	10,000
（剰余金配当額）					
利益剰余金期末残高	100,000	10,000			101,074 (6)
合計	110,000	11,000			111,074
			36,266	36,266	

(1) 連結貸借対照表の貸借差額
(2) 連結損益および包括損益計算書の貸借差額
(3) 連結および包括利益計算書から移記
(4) 連結および包括利益計算書の非支配株主に帰属する当期純利益から移記
(5) 連結損益及び包括利益計算書の親会社株主に帰属する当期純利益より転記
(6) 利益剰余金期首残高に利益剰余金増加高を加えて，利益剰余金減少高を差し引き，利益剰余金期末残高を算出する。

5．
　　(1) 持分比率基準　(2) 支配力基準　(3) 負債　(4) 資本　(5) 親会社持分
　　(6) 公正価値　(7) 親会社持分相当額消去方式　(8) 全額消去・親会社負担方式
　　(9) 全額消去・持分比率負担方式　(10) 部分時価評価法　(11) 全面時価評価法

第14章 財務会計の概念フレームワーク

1．はじめに

　近年，会計基準設定に関して，演繹的アプローチに対する関心が高まっている。これまでは，会計基準設定のアプローチというと，帰納的アプローチがとられてきた。帰納的アプローチは，英米でとられてきたもので，企業会計の実務のうち慣習として発達したもののなかから，一般に公正妥当なものを要約する形で進められる。言い換えると，同アプローチは，いわゆる「経験の蒸留」に基づいて形成された社会的合意を標準化するという方法で，会計基準を形成していくものであるといえる。帰納的アプローチは，会計実務の変化に対して，迅速かつ柔軟に対応するという長所がある反面，場当たり的であり，政治的圧力を受けたり，また首尾一貫性が保持しづらい側面があったりして，これらの点が批判され，近年，もう一つ別のアプローチ，すなわち，演繹的アプローチが注目されてきた。

　代表的なものとして，財務会計基準審議会（FASB：Financial Accounting Standards Board）の財務会計概念フレームワークやわが国の討議資料財務会計の概念フレームワークが挙げられる。概念フレームワークは，会計基準を設定するための理論的な判断基準となるものであり，この意味で，会計における憲法であるといわれることもある。この憲法としての性格を有する概念フレームワークをよりどころとして，体系的な会計基準の設定が期待されている。もっとも，概念フレームワークは，法律ではないので遵守しなければならないものではない。したがって，この遵守する必要性がない概念フレームワークに，どれほどの有用性があるのかと疑問を持つ向きもある。

　しかしながら，近年，企業活動のグローバル化に伴い，会計基準のコンバージェンスが求められてきており，コンバージェンスを円滑に進める手段の一つ

として，概念フレームワークが期待されている。2001年4月から国際会計基準委員会（IASC：International Accounting Standards Committee）に代わるものとして国際会計基準審議会（IASB：International Accounting Standards Board）が組織され，会計基準のコンバージェンスを強力に進めようとしている。わが国においても，このような会計基準のコンバージェンスの動きに対応するために，概念フレームワークに対する期待が高まっている。

2．会計基準を設定する2つのアプローチ

すでに述べたように，会計基準を設定するアプローチには，帰納的アプローチと演繹的アプローチがある。帰納的アプローチとは，現実のさまざまな会計実践を観察し，そのさまざまな会計実践の中から，共通のものあるいは有用なものを取り出して，会計基準を設定するアプローチである。一方の演繹的アプローチとは，会計の前提や仮定，あるいは目的を定めて，これらの前提や目的に合致するように，会計基準を設定するアプローチである。

財務会計に関しては，帰納的アプローチが伝統的に採用されてきた。英米の会計原則は，帰納的アプローチが採用されてきたし，また，わが国の企業会計原則も，同様に，慣習として発達したものから，一般に公正妥当と認められるところを要約したものであるといわれる。これまで広く普及してきた会計処理は，何らかの有用性があるはずであり，人々に納得して受容され，遵守されやすい側面がある。帰納的アプローチがとられてきた理由はそこにあるといえる。しかし現状を肯定する会計基準が制定される傾向があり，また，新しい実務に対応できないなどの問題点がある。

これに対して，演繹的アプローチは，近年注目され始めているアプローチである。演繹的アプローチは，会計の理念あるいは目的を定めて，その目的から演繹的に，会計基準を導き出そうとするアプローチである。演繹的アプローチは，現行の会計実践に縛られることがないため，論理的に首尾一貫した会計基

準を設定する可能性を多分に有しているアプローチである。

　会計の目的や基礎概念に合致した会計基準であれば，理論的整合性があるはずであり，国内における説得力はもちろん，国外においても説得力があるものとなるはずである。それゆえに，演繹的アプローチによる会計基準の設定は，会計基準のコンバージェンスにも資するのではないかと期待されている。

(1)帰納的アプローチ

　アメリカでは，1929年のニューヨーク証券取引所の株価の暴落にはじまる世界大恐慌をきっかけに，会計原則の制定が求められ，アメリカ公認会計士協会の会計手続委員会（CAP：Committee on Accounting Procedure）が，会計研究公報（ARB：Accounting Research Bulletin）を発行した。また会計原則審議会（APB：Accounting Principles Board）が，APB意見書（APB Opinion）を発行した。

　その後は，FASBが財務会計基準書（Statement of Financial Accounting Standards）を発行してきている。

　これまでのアメリカにおける会計基準は，帰納的なアプローチにより，すなわち，会計実践のうち，共通のものや有用なものを集約して，制定されたものである。

　わが国の会計基準は，企業会計審議会と企業会計基準委員会（ASBJ：Accounting Standards Board of Japan）が，設定してきた。

　わが国では，企業会計審議会の前身である経済安定本部・企業会計制度対策調査会が1949年に企業会計原則を制定した。これがわが国最初の会計基準である。この企業会計原則の前文には，企業会計の実務の中に慣習として発達したものの中から，一般に公正妥当と認められたところを要約したものという言葉があるが，これは，帰納的アプローチにより，企業会計原則が導かれたものであることを意味している。しかしながら，わが国の場合には，アメリカの会計原則を多分に参考にしたところがあり，わが国の会計実践を集約したものであるとはいえず，したがって，わが国の会計原則が，純粋に，帰納的アプロー

チといえるかどうかは，疑問があるという見解もある。

その後，企業会計審議会は，原価計算基準，連結財務諸表原則，外貨建取引等会計処理基準，セグメント情報の開示基準，リース取引に係る会計基準，研究開発費等に係る会計基準など，各種の基準や意見書を公表してきた。

2001年からは，これまでの政府機関とは異なる民間団体，企業会計基準委員会，ASBJが，企業会計基準，企業会計基準適用指針，実務対応報告を公表している。企業会計基準は，会計処理および開示の基本となるルールであり，企業会計基準適用指針は，基準の解釈や基準を実務に適用するときの指針である。実務対応報告は，基準がない分野についての当面の取り扱いや，緊急性のある分野についての実務上の取り扱い等を示したものである。

(2) 演繹的アプローチ
① 会計公準

企業会計の基礎的条件を会計公準という。会計公準に何を含めるべきかに関しては，議論があるが，企業実体の公準，継続企業の公準，貨幣的評価の公準の3つが挙げられるのが一般的である。

会計公準に基づいて，会計基準が導き出され，続いて，会計手続が導き出されるという構造が想定されている。たとえば，継続企業の公準から，費用配分の原則という会計基準が導かれ，そしてこの費用配分の原則から，減価償却という会計手続が導かれるという構造が期待されている。

企業実体の公準とは，企業を出資者から独立した存在と捉えるという前提をいう。すなわち，企業を出資者から独立した存在であるものとして会計を行うということを意味するといってよい。

継続企業 (going concern) の公準とは，会社は，解散を前提としていない，永遠の生命を持つ存在として捉える前提をいう。企業は永遠に継続するととらえて，会計が行われているのであるが，企業の経営成績や財政状態を把握するためには，一定期間に区切って，損益計算を行う必要がある。

継続企業の公準という前提にたつからこそ，人為的に会計期間を区切って会計を行うことが正当化される。たとえば，減価償却という会計手続が正当化されるのも継続企業の公準があるからこそである。すなわち，将来会社が継続するという前提があるからこそ，将来の期間に費用配分するという会計手続が行われるのである。

貨幣的評価の公準とは，会計の計算は，貨幣額で行われるという前提である。何か統一的な尺度がないと，測定することはできない。貨幣でもって測定するということは，財務会計の測定を行ううえで，不可欠な前提である。

厳密に考えると，貨幣の価値は常に変動しているが，貨幣で評価された価額は，そのまま合計される。いわば，貨幣の変動を無視して合計しているのであって，現在の財務会計は，貨幣価値の安定性を前提にしているといってよい。

②概念フレームワーク

概念フレームワークは，財務報告の目的や資産・負債・資本などの概念をまず規定し，これと整合するような形で個々の具体的な会計基準を再構築しようとするものである。概念フレームワークは，会計公準と異なり，目的を設定し，その目的に合致する資産・負債・資本などの概念を規定している点で，会計公準よりも具体性のあるアプローチであるといえる。

3．アメリカにおける財務会計の概念フレームワーク

アメリカにおける概念フレームワークは，まず（1）財務会計の目的を明らかにしたうえで，（2）有用な会計情報の性質を明らかにし，（3）財務諸表の構成要素とはいかなるものかを示し，（4）その構成要素がいかにして認識・測定されるべきかを示している。

アメリカにおける財務会計諸概念に関するステートメント（Statement of Financial Accounting Concepts：SFAC）は，全部で7つのステートメントからなるが，第3号が第6号に改訂されたために，以下に示すように，6つのステートメントで構成されている。

　　SFAC第1号　営利企業の財務報告の基本目的
　　SFAC第2号　会計情報の質的特徴
　　SFAC第6号　財務諸表の構成要素（SFAC第3号の改訂版）
　　SFAC第4号　非営利組織体の財務報告の基本目的
　　SFAC第5号　営利企業の財務諸表における認識と測定
　　SFAC第7号　会計測定におけるキャッシュ・フロー情報及び現在価値の活用

　FASBは，SFAC第1号　営利企業の財務報告の基本目的において，会計の基本目的として，投資意思決定に有用な情報であるとし，その投資意思決定に有用な情報とは，キャッシュ・フローの評価に役立つ情報提供であるとしている。

　このFASBの会計の基本目的に関するスタンスは，1966年にアメリカ会計学会（AAA：American Accounting Association）の基礎的会計理論報告書（ASOBAT：A Statement of Basic Accounting Theory）における会計の定義「会計は経済的意思決定に有用な情報を提供するシステム」に依拠している。

　また投資意思決定に有用な情報として，キャッシュ・フローの評価に役立つ情報提供としたことは，FASBの前身である会計原則審議会が設置したスタディ・グループが発行したトゥルーブラッド報告書（1973年）における提言に依拠している。

　FASBは，SFAC第2号　会計情報の質的特性において，第一次情報特性として，目的適合性と信頼性を掲げている。会計情報の目的適合性とは，情報が，投資家，債権者等による投資，与信，その他類似の意思決定に影響を及ぼすことをいう。すなわち，目的適合性とは，情報利用者の意思決定に影響を及ぼしうる情報をいう。会計情報の信頼性とは，表現の忠実性，検証可能性，お

および中立性からなる。表現の忠実性とは、記号とその記号が指し示すものとの間に照応関係が確保されていることをいう。検証可能性とは、同じ測定方法を使えば、測定者が異なっても、ある特定の事象に関して、同じ測定値が得られることをいう。中立性とは、あらかじめ定められた結果を導き出したり、あるいは特定の行動様式を導き出したりするように意図された偏向が、情報に含まれていないことをいう。

なお、SFAC 第 2 号では、目的適合性と信頼性との間には、トレード・オフ関係があることが指摘されている。すなわち、目的適合性を重視すれば、主観性が強まり、信頼性に重心が傾けば、客観性が強まる。たとえば、資産の時価情報は、投資家の意思決定を左右する有用な情報であって、目的適合性を有するが、主観的であり、信頼性を欠く情報になりやすい。一方、資産に関する原価の情報は、客観性があり、信頼性は高いが、その情報により、投資家が意思決定の影響を強く受けることは少ない。

SFAC 第 6 号　財務諸表の構成要素（SFAC 第 3 号の改訂版）は、資産、負債、持分、収益、費用という財務諸表の構成要素の定義を提供している。SFAC 第 6 号では、まず資産・負債を定義し、そこから純資産及び包括利益の定義を導くという形式を取っている。そして SFAC 第 6 号は、他の財務諸表の要素は、従属的に導かれる形式を取り、いわゆる資産・負債アプローチを採用しているといわれる。

たとえば、資産とは、「過去の取引または事象の結果として、特定の実体により取得又は統制されている、発生の可能性の高い将来の経済的便益である。」としている。

また負債とは、「過去の取引又は事象の結果として、将来他の実体に資産を譲渡するか又は用役を提供するために特定実体の現在の債務から生じる、発生の可能性の高い将来の経済的便益の擬制である。」としている。

持分（純資産）とは、「ある実体の資産から負債を控除した後の残余権益である。」としている。

収益とは、「実体の進行中の主要な又は中心的な営業活動を構成する財貨の引渡もしくは生産、用役の提供、またはその他の活動による、実体の資産の流入その他の増加もしくは負債の返済（または両者の結合）である。」としている。

費用とは、「実体の進行中の主要な又は中心的な営業活動を構成する財貨の引渡もしくは生産、用役の提供、またはその他の活動の遂行による、実体の資産の流出その他の費消もしくは負債の発生（または両者の結合）である。」としている。

4．わが国における財務会計の概念フレームワーク

わが国では、企業活動、資本市場のグローバル化の進展に伴い、わが国の会計が国際的に孤立することを回避し、また、わが国の見解が国際会計基準にも反映されることを目的として、財団法人財務会計基準機構が設立され、同機構内に、企業会計基準委員会、ASBJ が、2001 年に設立されている。ASBJ は、民間団体が会計基準を設定している各国の状況を踏まえて、政府から独立した主体（プライベート・セクター）として、会計基準を議論することが期待されている。

ASBJ が設立される前は、企業会計審議会が、企業会計に関するさまざまな会計基準や意見書を設定して、企業会計制度の発展に寄与してきた。企業会計審議会は、企業会計基準委員会と異なり、パブリック・セクターであり、旧大蔵大臣の諮問機関であった。

ASBJ は、2004 年 7 月に財務会計の概念フレームワークと題する討議資料を公表して広く意見を集めて、その結果を 2006 年 12 月に討議資料として改めて公表している。

わが国の概念フレームワークは、投資家が将来キャッシュ・フローを予測するのに役立つ情報を開示することを会計情報の基本的特性として掲げている（意思決定有用性アプローチ）。そして意思決定有用性を支える特性として、「意思

決定との関連性」と「信頼性」を掲げている。

　ここにおける「意思決定との関連性」とは，会計情報が将来の投資の成果についての予測に関連する内容を含んでおり，企業価値の推定を通じた投資家による意思決定に積極的な影響を与えて貢献することを意味する。ここにおける「信頼性」とは，中立性，検証可能性，表現の忠実性という下位概念に支えられている。投資家が会計情報を安心して利用するためには，信頼性は重要な要素である。ここにおける中立性とは，利害の不一致に起因する弊害を小さく抑えるために，一部の関係者の利害だけを偏重することのない財務報告を求めるべきであるというものである。

　わが国の概念フレームワークでは，さらに重要な情報特性として，「内的な整合性」を掲げている。内的な整合性は，FASBやIASCの概念フレームワークにはないものである。内的な整合性とは，ある会計情報が会計基準全体を支える基本的な考え方——会計基準，会計実務および会計研究などについての歴史的経験と集積された知識の総体——と矛盾しないルールに基づいて生み出されていることをいう。ここにおける会計基準，会計実務および会計研究等の知識の総体とは，資産負債アプローチのみではなく，収益費用アプローチも含んでいると考えられる。

　内的な整合性を重視する理由として，これまでの基準設定が，会計ルールの内的な整合性を重視して行われたことがある。これまでの会計ルールが存続してきたのは，何らかの有用性があったからであり，新たな基準を設定する際にも，その有用な情報を生み出している現行のルールに合致したものが望ましいと考えられる。そこで，わが国の概念フレームワークでは，内的な整合性が重視されている。またアメリカと異なり，わが国では，まったく新しい会計基準の作成が求められることは少なく，現行の会計ルールと合致した会計基準の設定が行われやすいということも内的な整合性を重視する理由としてあるといえる。

　「比較可能性」も重要な情報特性であるが，比較可能性に関しては，日本版

概念フレームワークにおいては，特別の記述がない。その理由としては2つある。ひとつは，比較可能性を高めることは，財務諸表の利用者に便益を提供するが，「異なる事実には異なる会計処理を，同様の事実には同じ会計処理を」を要請する表現の忠実性という情報特性と重なるからである。もうひとつは，異質な事実を一括りにして画一的な会計処理を要求し，経営者による裁量の余地を過度に狭めると，むしろ投資家にとっての意思決定有用性を損ないかねないからである。

討議資料では，投資の成果は「リスクからの解放」という概念を用いて判定することとしている。FASBの概念フレームワークでは，実現可能という概念を用いて，実現していなくても，実現可能になった時点で，評価差額を利益に算入することを可能にしている。

わが国において，FASBと異なり，実現可能ではなく，リスクからの解放という概念を用いている理由として，有価証券の評価益に関する説明がしやすいということがあると考えられる。現行の会計基準では，売買目的有価証券の評価益は収益として認識するが，満期保有目的債券や子会社・関連会社の株式に関する評価益は収益として認識しない。これを実現概念で説明することはできない。実現概念は，資産の引渡しがあった時点で収益を認識するものである。この伝統的な実現概念に基づくと，評価益というのは有価証券の引渡しが未だないので，実現していない。したがって，評価益の段階では，収益は認識されない。実現概念では，売買目的であろうが，満期保有目的債券や子会社・関連会社の株式であろうが，その評価益を収益として認識することはできないのである。また，実現可能という概念に依拠して，貨幣性資産への転換が容易であれば収益として認識することにすると，売買目的有価証券であろうが満期保有目的債券や子会社・関連会社の株式であろうが，その評価益を収益として認識することになることになってしまう。したがって，実現可能概念でも有価証券の評価益を説明することができない。リスクからの解放という概念を用いれば，売買目的ならば，評価益を収益として認識し，満期保有目的債券や子会

社・関連会社の株式であれば，評価益を収益として認識しないことをうまく説明する。すなわち，売買目的であれば，売却できるので，その評価益を収益として認識し，満期保有目的債券や子会社・関連会社の株式であれば，満期まで保有するという制約があったり，事業投資の性格を有していたりして，投資のリスクから解放されていないので，その評価益を収益として認識しないと説明することができるのである。

　わが国の概念フレームワークは，資産負債アプローチのみではなく，収益費用アプローチにも依拠している。すなわち，資産および負債を定義し，そこから純資産および包括利益を導くという方向性がある一方で，収益と費用を純利益（少数株主損益も含めて）と結びつけて定義して，収益費用アプローチにも基づくハイブリッドな体系をとっている。

　具体的には，つぎのように，資産，負債，純資産，包括利益を定義している。資産とは，「過去の取引または事象の結果として，報告主体が支配している経済的資源，又はその同等物をいう」としている。また負債とは，「過去の取引または事象の結果として，報告主体が支配している経済的資源を放棄もしくは引き渡す義務，またはその同等物をいう。」としている。純資産に関しては，「資産と負債の差額をいう」としている。また，包括利益とは，「特定期間における純資産の変動額のうち，報告主体の所有者である株主，子会社の少数株主，及び，将来それらになり得るオプションの所有者との直接的な取引によらない部分をいう」としている。

　また，純利益，収益，費用をわが国の概念フレームワークは次のように定義している。純利益とは，「収益から費用を控除した後，少数株主損益を控除して求められる。ここでいう少数株主損益とは，特定期間中にリスクから解放された投資の成果のうち，子会社の少数株主に帰属する部分をいう」としている。また，収益とは，「純利益又は少数株主損益を増加させる項目であり，特定期間の期末までに生じた資産の増加や負債の減少に見合う額のうち，投資のリスクから解放された部分である」としている。さらに，費用とは，「純利益

又は少数株主損益を減少させる項目であり，特定期間の期末までに生じた資産の減少や負債の増加に見合う額のうち，投資のリスクから解放された部分である」と定義している。

5．会計基準のコンバージェンスにおけるわが国の財務会計の概念フレームワークに対する期待

　IASC から IASB に組織改革したことにより，わが国の会計基準設定主体は，パブリック・セクターである企業会計基準審議会から，プライベート・セクターである企業会計基準委員会，ASBJ に移行した。ASBJ は，企業会計の国際化に積極的に関わり，世界の中で，リーダーシップを発揮することも期待されている。
　このような状況の下で公表されたわが国の概念フレームワークは，会計基準の国際的統合化に対する役立ちが期待されている。
　第一に，国際的コミュニケーションを可能にするものとして期待されている。近年，単なる各国基準のすりあわせではなく，高品質の会計基準を設定し，世界的な統一基準を遵守していこうという動きがあり，IASB がその中心となっている。このような動向の中，概念フレームワークを有効に活用することが重要になってくるといわれている。なぜならば，概念フレームワークは，政治的な圧力などを回避し，高品質で，理論的に首尾一貫した国際会計基準設定に役立つと考えられているからである。
　第二に，わが国が国際会計基準に関して批判する場合に，理論的整合性のある概念フレームワークがあれば，それを盾にわが国の会計基準の正当性を説明し，他国を説得することができるのではないかと期待されている。
　第三に，前述したように，EU により，2009 年 1 月から，外国企業に対して，IFRS またはこれと同等と認められる会計基準を採用するように義務付けられたが，わが国の概念フレームワークに基づいて会計基準が設定されれば，

EUにも認められる高品質で公正な会計基準がわが国において設定されるのではないかと期待されている。

第四に，わが国でも，外国企業が自国の基準で財務諸表を作成し，それを提出することが認められているが，これらの財務諸表が適切なものであるかどうかが，外国の概念フレームワークとわが国の概念フレームワークと比較することにより，判断されることが期待されている。

さて，先に述べたように，わが国の討議資料・財務会計の概念フレームワークは，これまで公表されてきたFASBの財務会計概念フレームワーク，IASCの財務諸表の作成表示のフレームワークにはない独自性を有している。わが国の討議資料・財務会計の概念フレームワークは，政治的あるいは政策的な配慮はみられず，純粋に財務会計の目的である意思決定有用性が追求されている。新しい知見を含めようという意識が強く，それは，日本版概念フレームワークにおける，純利益の重視，リスクからの解放という概念や内的な整合性という概念に表れている。もっとも，この独自性には問題もあって，とりわけ，内的な整合性という概念は，帰納的アプローチを重視する概念で，概念フレームワークが通常備えている特質である演繹的アプローチに期待されている効力が期待できない点で問題があるといわざるを得ない。内的整合性という概念は，これまでの会計の歴史とか理論，あるいは既存の会計制度を考慮することになるので，斬新な会計制度の構築を妨げ，将来の会計基準に対する指針を提供することが困難になる。また，内的な整合性によれば，新しい発想による新しい取引に対する対応ができにくくなる。

さらにいうと，内的整合性は，国際的な会計基準のコンバージェンスの進展を妨げる可能性がある。わが国の討議資料・財務会計の概念フレームワークは，会計基準のコンバージェンスに対する役立ちが期待されているが，しかし内的な整合性は，日本の独自性を理由に，会計基準の国際的なコンバージェンスを拒む言い訳に使われる可能性を有していることは否定できない。

第14章 財務会計の概念フレームワーク

練習問題

1．次の文章が正しいかどうか検討しなさい。
   (1) 会計基準を設定するアプローチとしての帰納的アプローチは，理論的な首尾一貫性に欠けるという問題点がある。
   (2) 会計基準を設定するアプローチとしての演繹的アプローチは，現実の会計実践に基づくアプローチである。
   (3)「経験の蒸留」とは，会計基準の制定において演繹的アプローチが採用されてきたことを意味している。
   (4) 現在の財務会計において，原則として取得原価主義が採用されるのは，継続企業の公準に基づいているからである。
   (5) キャッシュ・フロー情報は，アロケーション・フリーな情報であるといわれる。
   (6) わが国の概念フレームワークのアプローチは，収益費用アプローチと資産・負債アプローチに依拠している。
   (7) トゥルーブラッド報告書におけるトゥルーブラットとは，人の名前である。
   (8) 企業会計基準委員会は，パブリック・セクターである。
   (9) ノロウイルスが世界で最初に発見されたのが，ノーウォーク合意におけるノーウォークという場所である。
   (10) 貨幣額でもって測定できない経済活動や経済事象は，会計の対象とはなりえない。
2．会計公準と概念フレームワークとの違いを述べなさい。
3．日本版概念フレームワークの内的整合性という考え方は，会計基準の演繹的アプローチと矛盾しないか，論じなさい。
4．日本版概念フレームワークにおけるリスクからの解放という概念について説明しなさい。
5．目的適合性と信頼性のトレード・オフ関係に関して，資産・負債アプローチと収益費用アプローチを例にして説明しなさい。
6．概念フレームワークのプロジェクトが進行すれば，あらゆる問題を解決し，SFAC第1号の目的と一致する会計基準が形成されていくという楽観的な見方がある一方で，概念フレームワークに，コストと時間をかけるのは，有意義ではないという悲観的な見方も存在する。あなたは，どのように考えますか。
7．ECの支持を受けて，欧州証券規制当局委員会（CESR：The Committee of European Securities Regulation）が，会計基準の同等性評価を行なう背景に関して，説明しなさ

い。
8．これまで独自路線を貫いてきたアメリカが，近年なぜIASBと協力路線をとろうとしてきているのか。
9．近年のIASCの動きは，経営者の判断よりも，比較可能性を重視したものとなっているが，代替的な会計処理を認めないことに関しては，むしろ問題があるという見解もある。経営者の判断を重視する立場から，近年のIASCの動向について批判しなさい。
10．つぎの文章の（　　　　　）に適切な語句を記入しなさい。

　　企業の利益計算は，当初は，財産計算であり，処分価値で評価されていた。やがて，期間損益計算を優先する会計では，資産は，将来の収益獲得に貢献すべく待機中の価値，すなわち，（　1　）であるとされるようになる。アメリカ会計学会も，資産を「予想される業務活動に利用しうる，あるいは役立ちうる（　1　）の総額」であるとしている。また，アメリカ会計学会（AAA：American Accounting Association）は，（　1　）を次のように測定すべきことを主張した。

　　「資産の価値はその用役潜在力の貨幣等価額である。概念上は，このような貨幣等価額とは，その資産の生み出す用役のすべての流れの将来の市場価格を確率と利子率によって（　2　）に割り引いたものの合計額である。」

　　その後，FASBは，SFAC第6号において，資産とは，実体に正味キャッシュ・フローをもたらす能力である（　3　）と定義している。

　　FASBの資産の定義，すなわち，（　3　）は，AAAのそれ，すなわち，（　1　）と同義であるとしている。

　　しかしながら，FASBの定義は，AAAのそれと異なり，実体による取得とは関係なく，実体が（　4　）していれば，資産としての特性を有しているとしているとしている。すなわち，FASBの資産の特性は，法的所有よりも，経済実質的支配を重視しているといえる。

解　答

（1）用役潜在力（サービス・ポテンシャルズ）　（2）現在価値
（3）将来の経済的便益（future economic benefit）　（4）統制（control）

第15章 国際財務報告基準

1. はじめに

　1973年に国際会計基準委員会（International Accounting Standards Committee：IASC）が，わが国を含む9カ国の職業会計士団体により設立された。IASCは，1975年に国際会計基準（International Accounting Standards：IAS）第1号「会計方針の開示」および第2号「取得原価主義会計における棚卸資産の評価および表示」を公表している。

　当初，IASCには，2つの問題があった。職業会計士団体という民間団体の合意がベースであったので，基準に関して強制力が乏しかった。また，会計処理の選択の幅が広く，比較可能性という点で問題があった。

　しかし，この2つの問題もやがて解決の方向に進んでいる。IASCは，1987年に「財務諸表の比較可能性プロジェクト」を開始し，代替的会計方法の削減を進めた。IASCは，1997年には，戦略作業部会を設立し，各国の多様性を認める「調和」ではなく，多様性を認めない「収斂」という用語を使用するようになった。また証券監督者国際機構（International Organization of Securities Commissions：IOSCO）が，2000年には，国際会計基準をコア・スタンダードとして承認した。

　代替的な会計処理を認めないことに関しては，むしろ問題があるという見解もある。なぜなら，企業の状況を最もよく知っているのは，経営者であり，したがって，経営者の意図を積極的に反映した会計情報の方が，投資家にとって有用であるという見方もできるからである。しかし代替的会計処理を認めないことにより，経営者のバイアスを排除した比較可能性の高い情報の方が，投資家にとって有用であるという見方もできる。結果として，近年のIASCの動きは，経営者の判断よりも，比較可能性を重視したものとなっているといえる。

2001年4月には，IASCが改組され，国際会計基準審議会（International Accounting Standards Board：IASB）が設立されている。IASBは，各国の会計基準の設定機関との連携を強め，会計基準の一層のコンバージェンスを図る観点から，国際財務報告基準（IFRS：International Financial Reporting Standards）を公表している。

　これまで国際会計基準を軽視してきたアメリカも，歩み寄りを見せた。2002年9月には，IASBとアメリカの会計基準設定機関である財務会計基準審議会（Financial Accounting Standards Board：FASB）が，お互いの会計基準の差異を収斂させていくことで合意している（ノーウォーク合意）。2005年4月には，アメリカ証券取引委員会（Securities and Exchange Commission：SEC）とEUが，アメリカ基準と国際財務会計基準とをコンバージェンスする「ロードマップ」に関する合意に到達していた。これは，FASBとIASBによる会計基準の統合を期待し，アメリカに上場する外国企業がIFRSによって作成する財務諸表を作成した場合にこれまで求めてきたアメリカ基準との差異調整表を2009年までに不要にするというものであった。このロードマップを受けて，FASBとIASBは2006年2月に覚書（Memorandum of Understanding：MOU）を公表している。具体的にいうと，その覚書は，短期的には，アメリカの会計基準と国際財務報告基準の主要な差異を解消することと，長期的には，他の分野について，共同で統一的な会計基準を開発することを目的としている。

　アメリカがこのような歩み寄りを見せた背景には，まず，アメリカにおける投資家に対するアメリカの配慮があげられる。すなわち，今やIFRSが，世界中で用いられるようになっており，アメリカの投資家にとって，アメリカの基準と国際財務報告基準の差異がない方が便利であるからであった。つぎに，アメリカの一国中心主義が通用しなくなってきており，アメリカは，IASBとの共同作業を通じて，アメリカの立場を保持しようとしていることがあげられた。

　しかしながら，アメリカは，一転して歩み寄りを取りやめ，独自の道を歩み始めている。2011年5月，SECは，スタッフ・ペーパー「考えられる取込方

法の探求」を発行して，アメリカの会計基準を存続させるような動きを見せ始めている。

EUは，EU指令に基づき，2005年1月から，EU域内の上場企業の財務諸表にIFRSの適用を義務づけている。また，2009年1月からは，EUは，外国企業に対して，IFRSまたはこれと同等と認められる会計基準を採用するように義務づけている。

わが国では，企業会計基準委員会（Accounting Standards Board of Japan：ASBJ）と国際会計基準審議会は，2007年8月に，2011年6月末までの間に，会計基準のコンバージェンスを達成する旨の「東京合意」に到達して，日本基準とIFRSとのコンバージェンスは加速した。

そして，IFRSの強制適用も検討されたが，しかし先に示したように，アメリカがIFRSから離れていく様子を見せ始めている中，わが国では，慎重な姿勢がとられており，現在では，何らかの形のIFRS任意適用が模索されている。

2．IFRS財団の組織とIASBのデュー・プロセス

国際財務報告基準の設定主体であるIASBは，IFRS財団の下にある。IFRS財団は，IASBに資金を提供している非営利の民間団体である。

(1) IFRS財団の組織
① IFRS財団評議員会（IFRS Foundation Trustees）

IFRS財団は，2010年7月にIASC財団（IASC Foundation Trustees）を引き継いだ団体である。IASBのメンバー，IFRS諮問会議のメンバー，IFRS解釈指針委員会のメンバーの指名・適切な資金調達方法の検討，IASBなどのデュー・プロセスの設定とその遵守状況の検証，IASBの戦略の見直しなどを行う。

② IFRS 諮問会議（IFRS Advisory Council）

IASB の作業課題の決定と優先順位について，IASB に助言を与える機関である。

③ IASB（The International Accounting Standards Board）

IASB は，IFRS 財団に属する独立した基準設定機関である。

④ IFRS 解釈指針委員会（The IFRS Interpretations Committee）

解釈指針委員会は，IFRS が扱っていない新たに生じた財務報告上のテーマ，現行の解釈指針が不十分なものや，解釈書がないテーマについて扱う。

⑤ モニタリング・ボード（The Monitoring Board）

モニタリング・ボードは，評議員会がその役割を果たすことを確保するために，評議員の責任の遂行についてのレビューや評議員の指名などを行う。

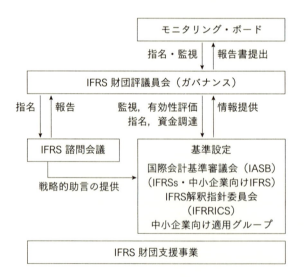

(2) IASB のデュー・プロセス

IASB の基準設定プロセスは，次の様な手順で行われる。公開草案は，討議資料の作成前に IASB によって，発行される文書である。デュー・プロセスにおいて，公開草案は，必須だが，しかし討議資料は，必須ではない。

① 基準の開発や改定のための検討項目を決定し，プロジェクト計画を公表する。
② 新基準や改定の提案について，討議資料または公開草案を公表して意見聴取する。
③ 各方面からの意見を検討し，基準を公表する。
④ 新基準または改訂基準の適用開始後2年間レビューを実施する。

3．IFRSの特徴

3－1　原則主義

　国際財務報告基準は，原則主義というアプローチ（principles-based approach）がとられている。原則主義アプローチは，アメリカで採用されている細則主義アプローチ（rule-based approach）とよく対比される。

　アメリカにおける会計基準設定の考え方には，弾力性と統一性という2つの対立する考え方があった。会計原則の選択の幅を認め，いくつかある選択肢の中から会計原則を企業に選択させた方が，企業の実態を適切に報告できるという考え方が，弾力性を重視した考え方である。これに対して，会計原則を統一して，会計原則の選択の幅を狭めた方が，企業の実態を適切に報告できるという考え方がある。これらの考え方を背景にして，アメリカでは，問題が生じたときに，場当たり的に会計基準を設定する方法がとられ，現在の詳細で広範な会計基準が制定されるに至っている。日本の会計基準も同様であり，詳細で広範な会計基準が制定されている。もっとも，アメリカの会計基準が変わると，その何年か後には，日本の会計基準が変わるので，日本の会計基準が細則主義アプローチで作成されているのは，当然のことといえる。

　細則主義によると，企業の不正は防げるような印象があるが，しかし現実は異なり，膨大な会計基準があるにもかかわらず，企業の不正を防ぐことはできていない。たとえば，アメリカの企業エンロンは，特別目的会社と呼ばれるペーパー・カンパニーの一種を用いて，損失を隠していた。このエンロンの粉

飾決算も会計基準の抜け穴を用いて行われた企業の不正である。このように，膨大な会計基準を設けても，企業の不正は防ぐことはできない。

　細則主義のもとでは，企業が不正を行うと，その不正を防ぐために，新たに詳細な規定を設けるという形で，会計基準を作成することになるので，現実の後追いにならざるを得ない。しかも，その場その場で判断して会計基準が設定されていくので，論理的な整合性を欠き，首尾一貫性が保てない。

　これに対して，原則主義は，不正や粉飾に強いといわれている。細かい規定を用いると，その細かい規定の網の目をくぐって，かえって不正を行おうとする企業行動を誘発する。原則主義の下では，細かいルールを定めない。原則主義の下では，規定の実質的意味内容を考えて判断することが専門家に求められる。原則主義の下では，規定の実質的意味を考えて，不正や粉飾にあたるかどうかを専門家が判断するので，不正は起こりにくくなると考えられている。

　原則主義は，会計の統一化を容易にする。細則主義をとると，経済，政治，歴史等の背景が異なるため，会計の国際的統一は難しいが，原則主義をとると，国ごとの特殊性を認めながら，会計の国際的統一をすすめることができる。もっとも，原則主義は，経理の自由を認めることになるので，比較可能性を高めることはできにくくなる。

　国際財務報告基準には，離脱規定というものがある。IFRSの規定にしたがうとかえって適正な財務諸表にならないと判断される場合には，IFRSの規定から離脱しなければならないとされている（IAS第1号19項）。離脱規定は，企業の経済的実態を適正に表示するかしないかをルールにしばられずに判断するという，イギリスの伝統的な会計の考え方である，真実かつ公正な概観（true and fair view）という考え方に通じるものがある。

3-2　公正価値

　IFRSでは，公正価値とは，取引の知識があり，自発的な当事者の間で，独立第三者間取引として，資産が交換され，負債が決済され，あるいは持分証券

が付与される価額と定義されている。

　公正価値評価のアプローチには，以下の3つがあり，これらのうちどれを適用するかは，資産または負債のおかれている状況等によって異なる。

①市場（market）アプローチ

　市場アプローチとは，同一のまたは比準可能な資産・負債の市場価格やその他市場から得られる情報を基礎として公正価値を算定する手法をいう。

②収益（income）アプローチ

　収益アプローチとは，対象物からの将来キャッシュ・フローや収益・費用の現在価値を基礎として公正価値を算定する手法をいう。

③原価（cost）アプローチ

　原価アプローチとは，対象物を現時点において同等物に取り替える際に必要な支払額を基礎として算定する手法をいう。

　公正価値の信頼度のレベルを表すヒエラルキーとして，アメリカの財務会計基準書第157号が掲げる区分があり，近年広く用いられるようになっている。
　レベル1：同一の資産・負債に関する活発な市場における取引価格
　レベル2：レベル1の取引価額以外で，直接または間接的に観察可能なインプット
　レベル3：観察可能な市場データに基づかないインプット
　IASBは，公正価値測定の公開草案を2009年5月に公表し，また2010年6月にも，追加的に公開草案を公表しており，アメリカの財務会計基準書第157号のヒエラルキーを取り入れている。
　有価証券や棚卸資産であれば，公正価値の測定は比較的容易であるが，固定資産の場合には，公正価値測定は困難である。固定資産は，市場が存在せず，

また販売を目的としていない場合が多く，公正価値を算定するためには，何らかの見積もりは避けられない。その場合の見積もり計算方法は，現在価値法ということになる。現在価値法は，資産・負債が将来生み出すキャッシュ・フローを現在価値にしたものであり，客観性が乏しい。

3－3　資産・負債アプローチ

　IFRSでは，資産・負債アプローチに基づく利益計算を行うことにしている。IFRSは，将来のキャッシュ・フローの予測という投資家の意思決定に役立つ情報を提供するため，財政状態計算書における資産と負債の公正価値測定を重視する資産・負債アプローチを採用しているのである。

3－4　概念フレームワーク

　会計基準の制定は，伝統的には，帰納的なアプローチが採用されてきたが，近年演繹的なアプローチが重視されるようになった。これは，従来の場当たり的なアプローチが反省され，整合性・首尾一貫性を確保しようとしていることの現れである。

　概念フレームワークは，まず，会計の目的を定めて，その目的にあわせた資産，負債，収益，費用を定義し，それらの定義に合致する会計原則を作ろうとしている。概念フレームワークは，いわば，会計を行う際の前提のようなものであって，数学の定理・公理のような存在であるといえる。このアプローチの起源は，ASOBATにある。ASOBATとは，基礎的会計理論の報告書（A Statement of Basic Accounting Theory：ASOBAT）のことで，その中心概念は，「意思決定としての財務報告」である。従来のアプローチは帰納的なアプローチで，会計実践の中で慣習として定着したものを会計基準として体系化し，その体系性を会計理論によって保証するという形を取っていた。これに対してASOBATは，少数の理論的前提から会計理論を形成し，それに基づいて会計基準を設定し，新たな会計実践に構築する仕組みを採用したのである。

IASC は，1989年7月に財務諸表の作成及び表示に関するフレームワークを公表し，これが2001年4月には，IASBによって採用され，2010年9月には，「一般目的財務報告の目的」と「有用な財務情報の質的特性」が改訂されている。

(1)一般目的財務報告の目的

概念フレームワークでは，まず目的を定めて，その目的から演繹的に他の諸概念が導かれる。一般目的財務報告の目的は，「現在及び潜在的投資家，貸付者その他の債権者がその企業への資源提供に関する意思決定を行なうに際して有用である報告企業に係る財務情報を提供することにある。持分証券及び債務証券の購入，売却または保有ならびに貸付その他の与信形態の供与または決済が，かかる意思決定である」とされている (par. OB 2)。

(2)財務諸表の基礎となる前提

①発生主義という仮定

IASB は，財務諸表は，発生主義を基礎に作成されなければならないとしている。発生主義の下では，取引や他の事象が記録されるのは，現金の受け取りや支払いが行われたときではなく，取引あるいは事象が発生したときである。場合によっては，取引や事象が発生したときと現金の受け取りや支払いがなされる時期は同一であるが，しかしそれぞれの時期が異なる場合もある。

②ゴーイング・コンサーンという仮定

財務諸表は通常企業は継続するという仮定に基づいて記録される。したがって，財務諸表に計上されるのは清算価値ではなく，存続価値である。

(3)有用な財務情報の質的特徴

基本的特性としては，目的適合性 (relevance) と表現の忠実性 (faithful representation) が挙げられている。目的適合性とは，意思決定ニーズに適合するこ

とを意味する。予測価値（predictive value）または確認価値（confirmatory）もしくはそれら両方を有しているとき，その情報には，目的適合性があるという。ここにおける予測価値とは，情報利用者に，過去，現在または将来の事象を評価させる情報の特徴を意味し，確認価値とは，情報利用者に，過去の評価を確認または訂正させる情報の特徴を意味し，両者は相互に関連している。なお，情報の利用者の意思決定に変化をもたらすか否かにより，その情報の性質と金額の観点から，重要性が判断される。IFRSでは，とりわけ，投資家の意思決定に役立つ情報であるかどうかが重視されている。これは，各国の状況を細かく考慮すると，会計基準の統一が困難であるため，投資家に情報の受け手を絞ったものであると考えられる。たとえば，わが国では，会社法や税法の影響を受けているが，このような個別の状況を考慮していると，国際的に統一されたルールを作成することは困難になる。そこで，IFRSは，投資家の意思決定に役立つ会計という目的に焦点をあてたものになっている。

　表現の忠実性とは，取引や事象を忠実に表現することを要求することを意味する。表現の忠実性を確保するためには，完全性（completeness），中立性（neutrality）および誤謬がないこと（free from error）という3つの特性が満たされなければならない。旧概念フレームワークにおける，表現の忠実性とほとんど同じ意味を有している形式よりも実質優先（substance over form）という情報特性は削除されたが，この形式よりも実質優先という情報特性は，IFRSの特徴を端的に表現したものである。この実質優先思考は，法的形式よりも実質を優先するもので，たとえば，IFRSでは，ファイナンス・リースの場合に，現在価値基準や経済的耐用年数基準を用いて機械的に判断するのではなく，実質的に判断することになっている。

　補強的特性としては，比較可能性（comparability），検証可能性（verifiability），適時性（timeliness），理解可能性（understandability）の4つが掲げられている。比較可能性とは，企業間の比較，または企業の期間比較を可能にすることを要請するものである。検証可能性とは，異なる知識を有しかつ独立した観察者が

必ずしも完全な同意を得ていなくても，コンセンサスが得られることをいう。適時性とは，情報が意思決定に影響を及ぼす効力を有する間に，情報利用者にその情報を利用可能にさせることをいう。理解可能性とは，財務報告の利用者にとって，理解しやすいことを意味する。もっとも，財務報告というのは経営および経済活動ならびにある程度の勤勉さを持って情報を解読しようとしている情報利用者が理解できることが想定されている。

財務報告において提供されうる情報については，コストが制約条件となる。すなわち，財務情報によるベネフィットがコストを上回らなくてはならないとされているのである。もっとも，ベネフィットもそしてコストも抽象的で正しく測定できるものではない。

(4)財務諸表の構成要素

概念フレームワークでは，財政状態計算書（貸借対照表）と包括利益計算書（損益計算書）の構成要素が示されている。概念フレームワークでは，資産と負債をまず定義し，収益と費用は資産・負債の変動であるというアプローチ，いわゆる資産・負債アプローチが採用されている。

資産とは，過去の事象の結果として企業が支配し，かつ，将来の経済的便益が当該企業に流入すると期待される資源をいう。この場合の経済的便益に関しては，「資産に具現化された経済的便益とは，企業への現金および現金同等物の流入に直接的にまたは間接的に貢献する潜在能力である」という説明があり，この説明からすると，経済的便益とは，キャッシュ・フローを意味すると考えられる。

負債とは，過去の事象から発生した企業の現在の債務で，その決済により，経済的便益を有する資源が当該企業から流出することが予想されるものをいう。

持分とは，企業の全ての負債を控除した残余の資産に対する請求権をいう。

収益とは，当該会計期間中の資産の流入もしくは増加または負債の減少の形をとる経済的便益の増加であり，持分参加者からの出資に関連するもの以外に

持分の増加を生じさせるものをいう。持分参加者からの出資に関連するもの以外という記述があることから，収益とは，資本取引以外の資産の増加または負債の減少であり，費用とは，資本取引以外の資産の減少または負債の増加ということを意味していると考えられる。

費用とは，当該会計期間中の資産の流出もしく減価または負債の発生の形をとる経済的便益の減少であり，持分参加者への分配に関連するもの以外の持分の減少を生じさせるものをいう。

(5)財務諸表の構成要素の認識と測定
①財務諸表の構成要素の認識

認識とは，財務諸表の構成要素とされた項目を文字と貨幣額によって表現し，かつその項目の金額を財政状態計算書または包括利益計算書の合計数値に含めるプロセスである。

②財務諸表の構成要素の測定

測定とは，財務諸表の構成要素が認識され，財政状態計算書または包括利益計算書に記載される金額を決定するプロセスをいう。概念フレームワークは，財務諸表に認識され，示されるべき取引と事象をいかにして測定するかを決定する４つの異なる方法を明らかにしている。

（イ）取得原価

取得原価とは，歴史的原価ともいわれ，資産の場合には，その資産を取得するのに要した金額で測定され，負債の場合には，正常な営業循環過程において負債を弁済するために支払うことが予想される現金または現金同等物の金額をいう。

取得原価の利点は，信頼性であり，その資産の支払いに充てられた金額が明らかであり，そのコストを跡付けることが可能であることである。取得原価の欠点は，意思決定に役立つ情報を提供しないということであり，時の経過に伴い，その欠点は顕著になる。

(ロ) 現在原価

現在原価とは，取替原価ともいわれ，資産の場合には，その資産と同様のものを取得するとした場合に，支払われなければならない金額であり，負債の場合には，現在負っている債務を現在弁済するのに必要な現金または現金同等物をいう。

(ハ) 実現可能価額

実現可能価額とは，売却価額ともいわれ，資産の場合には，もしその資産を売却したとした場合に得られる金額であり，負債の場合には，負債を弁済するのに必要な現金または現金同等物をいう。

(ニ) 現在価値

現在価値とは，使用価値ともいわれ，資産の場合には，当該資産が通常の営業循環過程において生み出すと期待される将来キャッシュ・フローの割引価値をいい，負債の場合には，当該負債を通常の営業循環過程において弁済するのに必要な将来キャッシュ・フローの現在価値をいう。

IFRSでは，これらの異なる測定基準のうち，いずれかひとつに基づいて財務諸表を作成することは要求されておらず，個々の状況に応じて，いくつかの測定基準を組み合わせて用いることが想定されている。

(6) 資本維持と利益

概念フレームワークでは，資本概念を，名目資本概念と実体資本概念とに分けて整理している。

①名目資本概念

当該期間の始めと終わりの純資産の増加が利益となる。この資本概念の下では，歴史的原価が採用される。

②実体資本概念

当該期間の始めと終わりの物的生産能力の増加が利益となる。この資本概念

の下では，歴史的原価ではない，他の測定概念が用いられる。

(7)包括利益

包括利益は純資産の増加を意味し，純利益にその他の包括利益を加算した金額が包括利益となる。国際会計基準第1号では，以下の5つをその他の包括利益の内訳項目に含めている。

① 有形固定資産・無形資産の再評価剰余金の変動
② 一部の退職給付会計における数理計算上の差異
③ 在外営業活動体の換算による為替差額
④ 売却可能金融資産の再測定による利得及び損失
⑤ 繰り延べヘッジ損益の変動

上記のその他の包括利益のうち，③，④，⑤については，リサイクリングを行うことが規定されている。リサイクリングとは，当期または過年度において，その他の包括利益として認識された金額を純損益に組み替えることをいう。

例　題

100千円で購入した売却可能有価証券について，時価が150千円になり，×1年に50千円を包括利益として処理した。×2年にその有価証券を150千円で売却した。その他の包括利益から当期純利益に，振り替える処理をしなさい。

解　答

その他の包括利益から投資有価証券売却益へ振り替える処理をする。

	×1年	×2年
投資有価証券売却益	0	50
当期純利益	0	50
その他の包括利益	50	(50)
当期包括利益	50	50

　概念フレームワークの思考と，リサイクリングという会計処理は，矛盾している。概念フレームワークでは，将来収益価値が上昇した瞬間が純資産の増加を意味し，包括利益を構成する。その価値上昇が，売却によるものか，それとも市場の変動によるものかは，問わない。

　また，包括利益は，キャッシュ・フローの裏付けのない利益を計上することになり，投資家の意思決定に有用な会計情報とは，キャッシュ・フローの生成能力ととらえる概念フレームワークの考え方にも反する。

練習問題

1．次の文章が正しいかどうか検討しなさい。
  (1) 現在のファイナンス理論に基づくと，理論株価に相当するものは公正価値ベースの株主価値を発行済株式数で割ったものである。IFRS も，公正価値ベースの収益・費用アプローチを採用している。
  (2) IFRS には，離脱規定がある。離脱規定というのは，IFRS の規定に従うと，かえって適正な財務諸表にならないと判断される場合には，IFRS から離脱してもよいという規定である。
  (3) 離脱規定は，True and Fair view（真実かつ公正な概観）というイギリスのコモンローの精神にその起源がある。
  (4) IFRS は，利益を純資産の増加であると定義している。
  (5) IFRS は，イファースと読むのが正しく，アイファースと呼ぶのは誤りである。
  (6) 意思決定としての財務報告は，1966年のアメリカ会計学会による基礎的会計理論の報告書（A Statement of Basic Accounting Theory：ASOBAT）によって提唱された考え方である。
  (7) ASOBAT のアプローチは，多数の理論的前提から会計基準を設定するというものである。
  (8) IFRS においても ASOBAT においても，複式簿記が前提とされている。

(9)国際会計基準（IAS）と国際財務報告基準（IFRS）を合わせて，IFRSs という。
　(10)時価会計を主張した会計学者にエドワーズとベル（アメリカ），チェンバース（イギリス）がいる。
　(11)日本語では，コンバージェンスとは収斂であり，アドプションは強制適用と訳されている。
　(12)カーブ・アウトとは，IFRS の基準を厳密に適用することをいう。
　(13)高収益で倒産しそうにない企業の社債は，取引価格が高く，その金利は低くなる。一方，低収益で倒産しそうな企業の社債は，取引価格が低く，その金利は高くなる。後者の社債は，時価評価すると，その社債の時価は発行価額を下回り，評価益が発生する。このことを負債の時価評価パラドックスという。
2．IFRS において，概念フレームワークが重要視されているのはなぜですか。
3．減損会計のように，資産の再評価をした場合に，減価償却することに関して，会計理論上何か問題はありませんか。
4．固定資産を測定するのに，公正価値を用いるとどのような問題があるか。
5．なぜ会計基準を法律にしないのか。
6．日本では，会計基準が，パブリック・セクターではなく，プライベート・セクターにより作成されることになった。一方，アメリカでは，従来から，プライベート・セクターが会計基準を作成してきた。国が会計基準を作成すると，国の資金が必要であるし，また，基準の不備や問題が起きた時に，国が批判を回避できるというメリットがある。プライベート・セクターが会計基準を作成するメリットは，どのようなものがあるか。
7．日本の会計基準の設定は，伝統的に，純粋に「ものさし」を目指して行われてきたが，しかしアメリカの会計基準の設定は，経済的影響・課税や税収を考慮した会計基準設定が行われている。減損会計基準の制定も，アメリカは，減損を出して，V字回復をねらった企業行動に歯止めをかけるためであり，日本の場合は，財務諸表数値の適正化のためであった。会計基準は，ものさしに徹すべきですか，それとも，経済的影響等を考慮して，制定されるべきですか。
8．100千円で購入した売却可能有価証券について，時価が160千円になり，×1年に50千円を包括利益として処理した。×2年にその有価証券を160千円で売却した。その他の包括利益から当期純利益に，振り替える処理をしなさい。

	×1年	×2年
投資有価証券売却益		
当期純利益		
その他の包括利益		
当期包括利益		

9．次の文章の（　　　）に適切な言葉を入れなさい。

　　IFRSで求められている利益は，当期純利益ではなく，（　1　）である。IASBが当期純利益でなく，包括利益を支持するのは，当期純利益の（　2　）である。たとえば，有価証券をいつ売却するかによって，利益の計上時期をずらすことができる。概念フレームワークは，会計基準を開発する際の（　3　）であり，会計の（　4　）といわれることもある。概念フレームワークにおいて，包括利益とは，期首と期末の貸借対照表に示される（　5　）の差額をいうとされている。

解　答

8．
その他の包括利益から投資有価証券売却益へ振り替える処理をする。

	×1年	×2年
投資有価証券売却益	0	60
当期利益	0	60
その他の包括利益	60	(60)
当期包括利益	60	60

9．
　　（1）包括利益　（2）恣意性あるいは操作性　（3）準拠枠　（4）憲法　（5）純資産

第16章 資産除去債務

1. はじめに

　かつては，有形固定資産というのは，耐用年数が終了しても，なお価値があるとされ，その価値は，残存価額として認識されてきた。しかし現在は，建物，構築物及び機械装置の解体，廃棄物の処理等，有形固定資産を除却するときには，多額の費用を要するようになってきた。また，近年環境保全が重視されるようになり，これにともない，**資産の除却費用**が増大している。

　このような資産除去に関する費用の増大により，**資産除去債務**に関する会計基準が次々と公表されてきている。アメリカFASBの会計基準，国際財務報告基準，そして日本でも，新たな会計基準が公表されるに至っている。もっともアメリカでは，財務会計基準書第143号「資産除去債務に関する会計処理」があるが，国際財務報告基準では個別の基準書はなく，国際会計基準第16号「有形固定資産」において，資産除去債務に関するものがある。わが国では，2010年4月から企業会計基準第18号「資産除去債務に関する会計基準」が適用されている。

　資産除去債務は，資産を除去すべき法律上または契約上の義務が生じた際に計上される。たとえば，土地汚染除去の義務が通常の使用によって生じた場合や，土地の賃貸契約において，賃借土地に建設した建物等について原状回復義務を負っている場合に，資産除去債務が計上されなければならない。

　有形固定資産の使用期間中に実施する環境修復や修繕に関する支出も，資産の使用開始前から予想されている将来支出であるが，これらの支出は，有形固定資産の消滅とは無関係になされるものであり，修繕引当金で処理される。

　修繕引当金と資産除去債務は，似ているところもあるが，異なる面も有している。修繕引当金は，法律上の債務ではない。また，修繕の場合，操業停止や

対象設備の廃棄をした場合には不要となるが,資産除去債務は,法令等で除去しなくてはならないことが,固定資産取得時にすでに確定している。

2．資産除去債務の会計

資産除去債務は,有形固定資産の取得,建設,開発又は通常の使用によって発生したときに,負債として計上される。また,法令や契約等により,資産の取得時に除去にかかる義務が生じている場合に,その義務が資産除去債務として計上される。

(1)対象資産

資産除去債務の対象資産は,有形固定資産であり,棚卸資産等の流動資産,無形固定資産や投資その他の資産は通常は対象にはならない。

しかしながら,例外はあり,たとえば,投資その他の資産に区分される投資不動産などについては,有形固定資産に準ずるものとして対象とされる。

(2)有形固定資産の除却

有形固定資産の除却とは,有形固定資産を用益提供から除外することをいう。これには,売却,廃棄,リサイクルなどによる処分等が含まれ,転用や用途変更は含まれない。また,有形固定資産が遊休状態になる場合は,除却に該当しない。

(3)対象となる除却費用の範囲

除却費用は,有形固定資産の取得,建設,開発又は通常の使用によって生じる。したがって,不適切な操業等の異常な原因によって発生した場合には,資産除去債務とはならない。

(4)法令又は契約で要求される法律上の義務及びそれに準ずるもの

　法令上の義務に準ずるものとは，債務の履行を逃れることがほぼ不可能な義務を指し，法令又は契約で要求される法律上の義務とは，ほぼ同様の不可避的な義務が該当する。したがって，有形固定資産の除却が企業の自発的な計画のみによって行われる場合には，資産除去債務の対象とはならない。

(5)資産除去債務の会計処理

　資産除去債務は，それが発生したときに，有形固定資産の除去に要する割引前の将来キャッシュ・フローを見積もり，割引後の金額で測定する。

　資産除去債務に対応する除去費用は，資産除去債務を負債として計上するとともに，当該負債と同額の金額を有形固定資産の取得原価に含めて計上する。資産原価に含められた資産除去債務に対応する除去費用は，減価償却を通じて，当該有形固定資産の残存耐用年数にわたり，各期間に費用配分されることになる。

3. 資産負債の両建処理

　資産を取得した段階で，資産除去債務を公正価値で負債計上し，また同時に，同額が資産計上されることになる。資産除去債務の発生時に，当該債務額を合理的に見積もれない場合には，これを計上せず，合理的に見積もれるようになった時点で，負債として計上する。将来発生する負債を現在価値で計上するという点では，資産負債アプローチによっているといえるが，資産原価に含めて減価償却するという点では，収益費用アプローチによっているといえる。

　資産除去債務は，すでに発生している負債を明示するという点で，概念フレームワークの負債の定義に合致するが，しかし一方で，同じ概念フレームワークの資産の定義には合致しないという批判がある。資産除去債務の両建処理は，資産除去債務と同額の金額を取得時に有形固定資産の取得原価に含め

る。しかし資産除去費用は，将来便益を生まないので，概念フレームワークの定義に合わないのではないかというのである。

　しかしながら，固定資産の取得時に，除却が必ず見込まれるということなので，この意味では，資産の除却費用は，当該資産を取得した結果として生じた義務であり，この義務を生ぜしめた費用も取得原価に含めるべきであると考えることができる。

　また，資産負債の両建処理は，多くの仮定と見積もりを前提としたキャッシュ・フローの支出額と時期，そして割引率を利用することになるので，主観的な見積もり数値による資産・負債が計上されることになるという問題点もある。

4．引当金処理

　引当金処理によれば，資産除去費用の見積もり額を毎期一定額計上していくことになる。引当金処理は，収益費用アプローチと合致する方法である。資産除去債務の場合，引当金処理によると，経済的実体を表していないとされ，引当金処理は採用されないとされている。しかし資産の除去に関する費用は，取得時点で明らかであるとしても，実際支払わなければならないのは，現在ではない将来の除却時点であるから，将来の費用として引当経理する方が適切と考えることもできる。

　また，たとえ，資産除去債務の金額が取得時に判明していても，資産を利用することによる収益は，資産の使用にともない徐々に発生するので，資産除去債務に関する費用も，資産の使用による収益獲得と合わせて徐々に発生すると考えて，徐々に計上すべきであると考えることができる。たとえば，退職給付費用の場合，従業員の労働というサービスの提供がなされ，それにともない，退職費用が発生していくと考えられ，それゆえ引当金処理が該当する。

　もっとも資産負債の両建処理の場合にも，資産原価に資産除去費用を算入し

て，減価償却を通じて，徐々に費用化される。これも，資産が使用されていくにつれて収益が発生し，それに対応する費用として，資産除去費用も徐々に発生していく形をとることになり，結果的に，引当金処理と同様の効果を有しているといえる。

引当金処理によることにしても，あるいは資産負債両建処理によっても，利益の平準化のメリットを享受することができる。なぜなら，引当金処理の場合には，資産除去債務を徐々に費用化して，利益の平準化を図ることができるし，資産負債の両建処理でも，資産除去債務費用を資産原価に加えることで，減価償却費として徐々に費用化することができるからである。

例題

本社（決算日は，3月31日）は，20×1年4月1日に有形固定資産を10,000円で購入した（耐用年数5年，残存価額ゼロ）。この資産は，使用後に，除去しなければならない法的義務がある。除去費用は，1,000円と見積もられている。割引率は3％とする。

（資産負債の両建処理）
(1) 20×1年4月1日
　　　（借）有形固定資産　10,863　　　（貸）現　金　預　金　10,000
　　　　　　　　　　　　　　　　　　　　　　資 産 除 去 債 務　　863
　　将来キャッシュ・フローの見積額 = $1,000 \div (1.03)^5 = 863$
(2) 20×2年3月31日
　　　（借）利　息　費　用　　26　　　（貸）資産除去債務　　26
　　　　$863 \times 3\% = 26$
　　　（借）減 価 償 却 費　2,173　　　（貸）減価償却累計額　2,173
　　　　$10,863 \div 5 = 2,172.6 = 2,173$
(3) 20×3年3月31日
　　　（借）利　息　費　用　　27　　　（貸）資産除去債務　　27
　　　　$(863 + 26) \times 3\% = 27$
　　　（借）減 価 償 却 費　2,173　　　（貸）減価償却累計額　2,173

(4) 20×4年3月31日
(借)利　息　費　用　　27　　（貸)資産除去債務　　27
(863 ＋ 26 ＋ 27) × 3% ＝ 27
(借)減　価　償　却　費　2,173　　（貸)減価償却累計額　2,173
(5) 20×5年3月31日
(借)利　息　費　用　　28　　（貸)資産除去債務　　28
(863 ＋ 26 ＋ 27 ＋ 27) × 3% ＝ 28
(借)減　価　償　却　費　2,173　　（貸)減価償却累計額　2,173
(6) 20×6年3月31日
(借)利　息　費　用　　29　　（貸)資産除去債務　　29
(863 ＋ 26 ＋ 27 ＋ 27 ＋ 28) × 3% ＝ 29
(借)減　価　償　却　費　2,171　　（貸)減価償却累計額　2,171

有形固定資産の除去及び資産除去債務の履行
(借)減価償却累計額　10,863　　（貸)有形固定資産　10,863
　　　資産除去債務　　1,000　　　　　現　金　預　金　　1,000

(注) 現在，資産除去債務の会計処理は，引当金で処理されてはいないが，参考までに引当金処理を以下に示す。

（引当金処理）
(1) 20×1年4月1日
(借)有形固定資産　10,000　　（貸)現　金　預　金　10,000
(2) 20×2年3月31日
(借)減　価　償　却　費　2,000　　（貸)減価償却累計額　2,000
　　　資産除去債務繰入　　200　　　　　資産除去債務　　　200
(3) 20×3年3月31日
(借)減　価　償　却　費　2,000　　（貸)減価償却累計額　2,000
　　　資産除去債務繰入　　200　　　　　資産除去債務　　　200
(4) 20×4年3月31日
(借)減　価　償　却　費　2,000　　（貸)減価償却累計額　2,000
　　　資産除去債務繰入　　200　　　　　資産除去債務　　　200

(5) 20×5 年 3 月 31 日

　　（借）減 価 償 却 費　　2,000　　（貸）減価償却累計額　　2,000
　　　　　資産除去債務繰入　　200　　　　　資 産 除 去 債 務　　200

(6) 20×6 年 3 月 31 日

　　（借）減 価 償 却 費　　2,000　　（貸）減価償却累計額　　2,000
　　　　　資産除去債務繰入　　200　　　　　資 産 除 去 債 務　　200

5．環境負債情報に対する要求の高まり

　資産除去債務の会計基準は，将来の支出を有形固定資産の取得時点で負債として計上することを求めている。これまでは，将来支出が予想されていても，その全額を当初に認識するという会計処理はなかった。

　本書で紹介したように，引当金処理も考えられる方法ではある。引当金処理は，収益費用アプローチであり，従来型の会計である。この引当金処理を採用すれば，資産除去債務は，除去時点まで，毎期同額の資産除去費用の計上がなされ，資産除去債務が次第に増加する会計処理となる。しかし法律や契約により，将来時点で発生することが取得時点で明らかな場合には，その資産除去債務全額を当初から財務諸表に計上した方が，企業の経済実態を財務諸表の利用者に提供することができると判断され，この引当金処理は採用されなかった。資産除去債務の資産負債両建処理は，資産負債アプローチが採用されていることは間違いない。しかし資産負債両建処理も，資産除去費用が，資産の取得原価に算入され，減価償却を通じて費用化される。したがって，この点に関していえば，収益費用アプローチが採用されているといえる。それゆえ資産除去債務の両建処理は，いわば，資産負債アプローチと収益費用アプローチのハイブリッド構造となっているといえる。

　財務諸表の利用者は，資産除去債務の将来支出の現在価値を知ることにより，企業の環境リスクを評価することが可能になる。資産除去債務の会計情報は，主観的な見積もり数値によるため不確実性はあるが，環境負債に関する情

報が提供されることにより，環境リスクに関心のある投資家にとっては，有用な会計情報となろう。

練習問題

1．次の文章が正しいかどうか検討しなさい。
　(1)資産除去債務の計上は，収益費用アプローチとも関係している。
　(2)修繕引当金は，会計的負債であり，法律上の債務である。
　(3)資産除去債務に関して，仕訳が行われるのは，除去費用の資産計上，除去費用の費用配分，資産除去債務の履行の3つの場合であるが，実際にキャッシュ・アウトフローが生じるのは，除去費用の費用配分時のみである。
　(4)資産除去債務の会計処理は，原価即事実説と適合する。
　(5)資産除去債務は，販売用の資産には適用されない。
　(6)資産除去債務の会計で，資産負債両建処理の場合には，自己資本比率は徐々に悪化するが，引当金処理の場合には，自己資本比率は即悪化する。
　(7)退職給付引当金は，条件付債務である。
　(8)有形固定資産の使用期間中に実施する環境修復や修繕は，有形固定資産の除却には当たらない。
　(9)退職給付の予測給付債務の計算方法として，予測給付評価方式と発生給付評価方式の2つがある。予測給付評価方式による計算手順は，退職給付見込額を計算し，各勤務期間に配分される額の現在価値が均等又は標準的になるよう配分するもので，発生給付評価方式の計算手順は，退職給付見込額を計算し，それを勤務期間の各期に配分し，配分した金額を現在価値に割り引くというものである。

2．資産の取得原価に，付随費用を含めるという考え方がある。資産の取得に要した費用，たとえば，有価証券であれば，証券会社に支払う手数料を取得に要した費用として，有価証券の原価に含めることになっている。しかし資産除却に関する費用は，資産の取得に要した費用ではないので，資産の原価に算入すべきではないのではないか。

3．資産の除却に関して，引当金方式も考えられる。しかし引当金方式によると，有形固定資産の除却に必要な金額が貸借対照表に計上されないという批判がある。この批判が意味することを説明しなさい。

4．資産除去債務と修繕引当金の違いについて述べなさい。

5．企業としてのブランドやイメージを重視する企業ほど，資産除去債務を積極的に計上するという見解に対して，あなたはなぜだと考えますか。

6．資産除去債務の計上により生じた借方項目は，資産の定義を満たしていない。FASBの資産の定義によると，資産とは発生の可能性の高い将来便益であり，キャッシュ・インフローを将来企業にもたらすことが求められるが，この場合の借方項目は，資産除去債務という将来キャッシュ・アウトフローをもたらす負債を計上した結果，借方に資産として計上されているにすぎない。このことについて，あなたの見解を述べなさい。

7．100億円の建設費で工場を建てた。土地は借りて建てたので，契約が切れるときに，更地にして返さなければならず，その費用に20億かかるという。経理担当者は，この工場の資産計上額は，120億円で計上するという。その理由として経理担当者は，「会社を今すぐ売却するとしたら，資産の除去費用が20億円かかる。投資家達は，今会社を購入するとしたら，いくらかかるかを知りたいのだ。隠れ債務の資産除去費用を開示した方が，会社を購入しようとする投資家に対して有用な会計情報を提供する」といった。これについて，あなたの考えを述べなさい。

8．ある会社が，金融会社にガスの供給契約書（10年間にわたりガスを販売）を販売した。代金は，30億円で，その会社は，現金で受け取っている。そしてその会社は，金融会社からその契約書を40億円で買い戻している。10億円損をするが，しかし20年の賦払いで，現金30億から返すことにしている。

この会社は，30億円の売上を計上したが，この会計処理は適切ですか。

索引
INDEX

[A－Z]

APB（Accounting Principles Board）……60
BIS 規制 …………………………………54
FASB（Financial Accounting Standards Board）………………………………60

[ア]

アップ・ストリーム ……………………149
後入先出法 ………………………………13
後払いの賃金 ……………………………127
アメリカ会計学会（AAA：American Accounting Association）…………169
委託販売 …………………………………20
一行連結 …………………………………152
一時差異 …………………………………56
移動平均法 ………………………………14
インスタント利益（instant earning）……71
インフレーション ………………………11
インフレ利得 ……………………………14
運転資金 …………………………………39
永久差異 …………………………………57
営業活動からのキャッシュ・フロー ……40
演繹的アプローチ ………………………164
オフ・バランスシート・ファイナンシング（off-balance sheet financing）………95
オペレーティング・リース（operating lease）取引 …………………………97
親会社概念（parent company concept）
…………………86, 138, 141, 146, 149
親会社持分相当額消去方式 ……………148

[カ]

外貨換算会計 ……………………………83
会計原則審議会（APB＝Accounting Principles Board）…………………166
会計公準 …………………………………167
会計責任（accountability）………………1
会計手続委員会（CAP＝Committee on Accounting Procedure）……………166
会計理論 …………………………………1
会社法 ……………………………………1
回収可能価額 ……………………………107
回収期限到来基準 ………………………25
回収基準 …………………………………25
解約不能 …………………………………97
架空利益 …………………………………87
確定決算主義 ……………………………5
確認価値（confirmatory）………………188
貸倒損失 …………………………………54
貸し手（lessor）…………………………95
割賦基準 …………………………………25
割賦販売 …………………………………25
貨幣資産 …………………………………9
貨幣的評価の公準 ………………………167
貨幣・非貨幣法 …………………………85
借り手（lessee）…………………………95
為替換算調整勘定 ………………………91
為替差益 …………………………………87
為替差損 …………………………………87
環境負債情報 ……………………………202
換算（translation）………………………83
―――のパラドックス …………………87

勘定合って銭足らず ……………… 39
完全性（completeness） ……………… 188
完全連結 ……………… 152
関連会社株式 ……………… 10
期間比較 ……………… 70
企業会計基準委員会（ASBJ：Accounting Standards Board of Japan） ……… 166
企業会計審議会 ……………… 166
企業間比較 ……………… 70, 71
企業実体の公準 ……………… 167
擬制資産 ……………… 31
基礎的会計理論報告書（ASOBAT：A Statement of Basic Accounting Theory） ……………… 169, 186
帰納的アプローチ ……………… 164
客観性 ……………… 133
キャッシュ・フロー ……………… 14
キャッシュ・フロー計算書（statement of cash flow） ……………… 37
　　──の活動分類 ……………… 40
共用資産 ……………… 112
ギルマン（Stephen Gilman） ……………… 18
金銭債権 ……………… 9
勤務費用 ……………… 123
金融商品取引法 ……………… 1
偶発債務 ……………… 116
繰延資産 ……………… 29, 30
繰延税金（deferred taxation） ……………… 54
　　──資産 ……………… 39, 150
　　──負債 ……………… 39, 150
繰延法（deferred method） ……………… 61
経験の蒸留（distillation experience） ……………… 2, 164
経済耐用年数の75%基準 ……………… 100
経済的単一体概念（economic unit concept） ……………… 138, 145, 149
経済的利益 ……………… 135

継続企業の公準 ……………… 167
決算日レート（CR：Current Rate） …… 84
　　──法 ……………… 88
原価主義 ……………… 11
減価償却 ……………… 3
　　──費 ……………… 38
研究開発費 ……………… 31
現金基準（cash basis） ……………… 18, 25
現実ではない会計（fictional accounting）
　……………… 61
検証可能性 ……………… 133, 188
原則主義というアプローチ（principles-based approach） ……………… 183
減損会計 ……………… 106
減損処理 ……………… 30
減損損失の測定 ……………… 107
減損損失の認識 ……………… 106
減損の兆候 ……………… 106
現物出資説 ……………… 67, 68
権利義務相殺説 ……………… 96
工事完成基準 ……………… 23
工事進行基準 ……………… 22
公正価値 ……………… 134, 184
　　──の90%基準 ……………… 100
購入のれん方式 ……………… 76
子会社株式 ……………… 10
子会社の資産及び負債の時価評価 …… 145
国際会計基準委員会（International Accounting Standards Committee：IASC） ……………… 5, 179
国際会計基準審議会（International Accounting Standards Board：IASB）
　……………… 5, 180
固定資産の未実現損益 ……………… 150
誤謬がないこと ……………… 188
個別法 ……………… 13

[サ]

債権債務の相殺消去 …………148
財産法 …………134
最終仕入原価法 …………14
細則主義アプローチ（rule-based approach) …………183
財務会計（financial accounting) …………1
　―――基準審議会（Financial Accounting Standards Board：FASB) …………2
　―――の概念フレームワーク …………2
財務活動からのキャッシュ・フロー …………41
先入先出法 …………13
時価主義 …………12
仕切精算書 …………21
資金概念 …………39
自己資本 …………54
　―――比率 …………54
自己創設のれん …………29
資産化法 …………32
資産除去債務 …………196
資産の除却費用 …………196
資産の評価基準 …………8
資産負債アプローチ（asset-liability approach) …………69, 132, 134
資産負債の両建処理 …………198
資産負債法（asset/liability method) …………61
実現 …………135
　―――主義 …………132
実質優先（substance over form) …………188
支配力基準 …………137
支払利子の原価算入 …………34
支払利息 …………38
資本化（capitalization) …………97
　―――処理 …………99
社債発行費 …………38
収益の認識基準 …………18
収益費用アプローチ（revenue-expense approach) …………132, 133
修正テンポラル法 …………91
修繕引当金 …………196
収斂 …………179
取得原価主義 …………89, 132
　―――会計 …………106
使用価値 …………107
償却原価法 …………9, 126
償却説 …………30, 69
証券監督者国際機構（International Organization of Securities Commissions：IOSCO) …………179
条件付資産化法 …………32
試用販売 …………21
正味売却価額 …………107
ショートポジション …………87
所有権移転外ファイナンス・リース取引 …………97
所有権移転基準 …………100
所有権移転ファイナンス・リース取引 …………97
人格合一説 …………67, 70
スタッフ・ペーパー …………180
税効果会計 …………54, 150
静態論 …………8
税の期間配分（inter-period tax allocation) …………54
全額消去・親会社負担方式 …………148
全額消去・持分比率負担方式 …………148
全部資本直入法 …………10
全部のれん方式 …………76
全部連結（full consolidation) …………138, 152
全面時価評価法 …………145
総平均法 …………14
即時費用化法 …………31
属性法 …………86
その他有価証券 …………10

損金経理 …………………………… 6

[タ]

対応アプローチ（matching approach）
　　　　　　　　　　　　　　…………… 55
対応概念 ……………………………… 135
退職一時金 …………………………… 119
退職給付 ……………………………… 119
　　──債務の遅延認識（deferred
　　　　recognition）………………… 122
　　──引当金 ……………………… 116
退職年金 ……………………………… 119
ダウン・ストリーム ………………… 149
棚卸資産の未実現損益 ……………… 148
単純平均法 …………………………… 14
地図の作成（mapping）………………… 3
中立性（neutrality）………………… 188
超過収益力 …………………………… 68
調和 …………………………………… 179
定額法 ……………………………… 3, 9
低価主義 ……………………………… 12
低価法 …………………………… 12, 86
定率法 ………………………………… 3
テンポラル法 ………………………… 86
討議資料財務会計の概念フレームワーク
　　　　　　　　　　　　　　………… 164
投資活動からのキャッシュ・フロー … 40
同時点法 ……………………………… 86
動態論 ………………………………… 8
特別勘定法 …………………………… 32
取替原価 ……………………………… 12
取引日レート（HR：Historical Rate）… 84

[ナ]

内的な整合性 ………………………… 172
認識対象不在説 ……………………… 96
年金資産 ……………………………… 120

納税額方式（cash method）………… 55
のれん ……………………… 29, 68, 141

[ハ]

売価還元法 …………………………… 14
売却時価 ……………………………… 12
売買目的有価証券 ……………………… 9
配分法（allocation method）………… 55
パーチェス法（purchase method）…… 67
発生基準（accrual basis）………… 18, 21
発生給付評価方式 …………………… 120
発生主義 ………………………… 60, 116, 121
　　──会計 …………… 19, 37, 69, 133
販売基準（realization basis）…… 18, 19
比較可能性（comparability）
　　　　　　　　　　　………… 4, 47, 71, 188
引当金 ………………………………… 38
　　──処理 ………………………… 199
非支配株主 …………………………… 138
　　──持分 ………………………… 141
非償却説 …………………………… 30, 69
ビッグ・バス（big bath）問題 …… 109
表現の忠実性（faithful-representation）
　　　　　　　　　　　　　　………… 187
費用資産の評価 ……………………… 11
費用収益対応の原則（matching concept）
　　　　　　　…… 4, 19, 31, 32, 56, 69, 133
比例連結（proportionate consolidation）
　　　　　　　　　　　　　　………… 138
ファイナンス・リース（finance lease）
　　取引 ……………………………… 97
負債性引当金 ………………………… 116
負債比率 ……………………………… 96
部分時価評価法 ……………………… 146
部分資本直入法 ……………………… 10
部分連結 ……………………………… 152
フリー・キャッシュ・フロー ……… 42

不良債権処理 …………………………54
フルペイアウト ………………………97
フレッシュ・スタート法（fresh-start
　　method）…………………………74
粉飾決算（window dressing）……………4
ヘップワース（Samuel Hepworth）……85
包括利益（comprehensive income）…134
法人税等調整額 ………………………150
保守主義（conservatism）……4，12，19，
　　21，25，31，71，111，114
本国主義 …………………………………86

[マ]

満期保有目的債権 ………………………10
未実現損益の消去 ……………………148
未実現利益 ………11，21，25，87，135
未認識過去勤務債務 …………………121
未認識数理計算上の差異 ……………121
未払費用 ………………………………116
未履行契約（executory contracts）………96
無形固定資産 ……………………………29
無形資産（intangibles）…………………29
目的適合性（relevance）………………187
持分基準 ………………………………137
持分プーリング法（pooling-of-interest
　　method）…………………………67
持分法 …………………………………151

[ヤ]

有価証券 …………………………………10

予測価値（predictive value）…………188
予測給付債務（Projected Benefit
　　Obligation：PBO）………………120
予測給付評価方式 ……………………120
予約販売 …………………………………21

[ラ]

利益剰余金期首残高 …………………144
利益の平準化 ……………………………60
履行不確実説 ……………………………96
リサイクリング ………………………192
リスクからの解放 ……………………173
リース取引 ………………………………95
利息費用 ………………………………123
利息法 ……………………………………9
流動・非流動分類システム ……………47
流動・非流動法 …………………………84
臨時償却 ………………………………106
累積給付債務（Accumulated Benefit
　　Obligation：ABO）………………120
歴史的原価 ……………………………134
連結財務諸表（consolidated financial
　　statements）……………………137
ローレンセン（Leonard Lolensen）……86
ロングポジション ………………………89

[ワ]

割引原価主義 ……………………………13
割引前将来キャッシュ・フロー ………106
割安購入選択権基準 …………………100

《著者紹介》

小池和彰（こいけ・かずあき）

東北学院大学教授

[主要著書]

『現代会社簿記論』（共著）中央経済社，1993年。
『国際化時代と会計』（共著）中央経済社，1994年。
『中級商業簿記』（共著）創成社，2001年。
『解説所得税法』（共著）税務経理協会，2001年。
『入門商業簿記』（共著）創成社，2002年。
『解説法人税法』（共著）税務経理協会，2002年。
『現代会計研究』（共著）白桃書房，2002年。
『給与所得者の必要経費』（単著）税務経理協会，2005年。
『授業改善のヒント』（共著）京都産業大学FD推進委員会，2006年。
『日商簿記2級・3級の「仕訳の切り方」（商業簿記編）』（単著）創成社，2007年。
『タックス・プランニング入門』（単著）創成社，2011年。

[主要論文]

「税金の課税上の取り扱いに見られる分類的思考」『會計』第150巻第4号，1996年10月。
「欠損金の繰越控除の判例解釈」『JICPAジャーナル』第13巻第4号，2001年4月。
「資本的支出と修繕費の判例解釈」『税経通信』第56巻第8号，2001年6月。
「現行消費税法の盲点－非課税とゼロ税率－」『税経通信』第57巻第16号，2002年12月。
「給与所得者の被服費の必要経費性」『税経通信』第58巻第14号，2003年11月。
「給与所得者の教育費の必要経費性」『税経通信』第59巻第7号，2004年6月。
「給与所得者の交際費の必要経費性」『税経通信』第60巻第7号，2005年6月。
「給与所得者の必要経費－費用収益対応の観点から－」『會計』第169巻第4号，2006年4月。
「給与所得控除の性格（1）税法最大のブラック・ボックスの隠れた意味」税経通信第63巻第13号，2008年10月。
「給与所得控除の性格（2）税法最大のブラック・ボックスの隠れた意味」税経通信第63巻第14号，2008年11月。
「給与所得の解釈から生じる必要経費の差異」税経通信第64巻第13号，2009年9月。
「給与所得者の必要経費の判断基準」税経通信第65巻第14号，2010年11月。
「財政支出削減の手段としてのサリー教授の租税論」税経通信第67巻第2号，2012年1月。
「寄附金控除を支える二つの根拠－二つの論拠と結びつく税額控除と所得控除－」『税経通信』第68巻第8号，2013年7月。
「藤沢メガネ訴訟の再検討－医療費控除を支える論拠からの反論－」『税経通信』第69巻第9号，2014年8月。
「東日本大震災で明らかになった雑損控除の課題」『会計・監査ジャーナル』第27巻第4号，2015年3月。

他論文多数。

（検印省略）

2007年4月20日　初版発行
2012年10月20日　増補改訂版発行
2016年5月20日　増補第二版発行

略称－トピックス

アカウンティング・トピックス ［増補第二版］

著　者　小池和彰
発行者　塚田尚寛

発行所　東京都文京区　株式会社　創成社
　　　　春日2-13-1

電　話　03（3868）3867　FAX 03（5802）6802
出版部　03（3868）3857　FAX 03（5802）6801
http://www.books-sosei.com　振替 00150-9-191261

定価はカバーに表示してあります。

ⓒ2007, 2016 Kazuaki Koike　組版：トミ・アート　印刷：S・Dプリント
ISBN978-4-7944-1505-9 C3034　製本：宮製本
Printed in Japan　落丁・乱丁本はお取り替えいたします。

簿記・会計学選書

アカウンティング・トピックス	小池和彰	著	2,200円
日商簿記2級・3級の「仕訳の切り方」	小池和彰	著	2,000円
タックス・プランニング入門	小池和彰	著	1,900円
入門商業簿記	片山 覚	監修	2,400円
中級商業簿記	片山 覚	監修	2,200円
明解簿記講義	塩原一郎	編著	2,400円
IFRS教育の基礎研究	柴 健次	編著	3,500円
現代会計の論理と展望 ―会計論理の探究方法―	上野清貴	著	3,200円
企業と事業の財務的評価に関する研究 ―経済的利益とキャッシュフロー，セグメント情報を中心に―	平岡秀福	著	3,200円
現代の会計と財務諸表分析 ― 基礎と展開 ―	平岡秀福	著	3,200円
ソフトウェア原価計算 ―定量的規模測定法による原価管理―	井手吉成佳	著	2,700円
企業簿記論	森・長吉・浅野 石川・蒋・関	著	3,000円
監査入門ゼミナール	長吉眞一・異島須賀子	著	2,200円
簿記入門ゼミナール	山下寿文	編著	1,800円
会計入門ゼミナール	山下寿文	編著	2,900円
管理会計入門ゼミナール	髙梠真一	編著	2,000円
イントロダクション簿記	大野・大塚・徳田 船越・本所・増子	編著	2,200円
簿記教本	寺坪 修 井手健二・小山 登	著	1,800円
ズバッと解決！日商簿記検定3級商業簿記テキスト―これで理解バッチリ―	田邉 正・矢島 正	著	1,500円
入門アカウンティング	鎌田信夫	編著	3,200円
簿記システム基礎論	倍 和博	著	2,900円
簿記システム基礎演習	倍 和博	編著	1,500円

(本体価格)

創成社